Monika Gensinger

Über Grenzen
unter Fremden

Reiseerzählungen

Für meine Familie in Liebe

Titelaquarell: "Haus auf Silhouette"
von Peter Gensinger

© bei der Autorin
Verlag W. Richter
München 1993
Druck bei Druckladen Augsburg

ISBN 3-88855-099-8

Inhalt

Stavros
Eine Geschichte aus Kreta
5

Singh
Eine Geschichte von den Malediven
17

Siam
Eine Geschichte aus Bangkok
35

Souk
Eine Geschichte aus Marrakesch
79

Silhouette
Eine Geschichte von den Seychellen
123

Sopra Ascona
Eine Geschichte aus dem Tessin
161

In meinen Träumen läutet es Sturm.

Mascha Kaléko

Stavros

Stavros schob energisch die Steine über das Spielbrett, dies machte ein Geräusch, als würde Stoff aufgeschlitzt. Die Faust, in der er die zierlichen Würfel schwenkte, hing über dem Gesicht des Gegners.
So hatte er es immer gemacht, die Steine über das Brett geschoben, daß sie Kratzspuren hinterließen, und die Faust wie eine Drohung erhoben.
Er spielte wie damals, schnell, wie besessen, mit diesem dumpfen Gesicht, in dem nichts anderes stand als die Gier nach dem Sieg.
Damals war er der Beste gewesen, und der Gefürchtetste. Weil er ein Besessener gewesen war, hatte er das Glück der Besessenen gehabt, das erzwungene Glück, denn, wenn man lange genug probiert, erliegt auch das Glück dem Zwang, und nichts unterscheidet es dann vom leichten Glück der Kinder.
Stavros war ein armes Kind gewesen, eines aus den Hütten vor der Stadt, den plastikbehangenen Verschlägen - solche Kinder, natürlich, haben nie die Leichtigkeit für Glück. So war es an ihm gewesen zu kämpfen, und er hatte gesiegt.
Stavros, das wußte jeder in Kreta, war der beste Tavli-Spieler - es hatte nie einen besseren gegeben. Er war jung gewesen, fast noch ein Kind, als sein Ruhm von dem kleinen Ort in den Hügeln weitergetragen wurde in die Städte.

Stavros besaß Intelligenz und Ehrgeiz, und er war ein blendender Stratege. Aber das Wichtigste, sagten die Leute, war der Ernst, den er für das Spiel aufbrachte. Jedes Spiel verlange Ernst und Respekt, und wer beides aufbrachte, habe den Erfolg.

Stavros erkannte, daß er verlor.

Früher hatte er auch verloren, doch es war nach dem Gesetz geschehen, daß der Sieger auch die Schwäche des Verlierens erleben mußte, um noch stärker und seines endgültigen Sieges noch sicherer daraus hervorzugehen.

Jetzt, das sah er sofort, drohte die Niederlage eines Verlierers, eines Schwachen, die nur schwächer und nicht stärker machte.

Stavros hatte seit Jahren nicht mehr gespielt.

Er ließ seine Faust umso wilder vor dem Gegner tanzen, ballte die andere Faust, die neben dem Brett lag, machte ein noch finsteres Gesicht und suchte seinem Siegeswillen mit Macht zu befehlen, aber alles, was er damit erntete, war ein Gefühl von Lächerlichkeit. Auch der andere schien seine Drohgebärden lächerlich zu finden, denn Stavros bemerkte, wie ein leichtes Lächeln über dessen breites Bauerngesicht huschte.

Nie hatte jemand gewagt zu lächeln, damals, über ihn, Stavros, gar zu lachen, denn man wußte, daß seine Revanchen unbarmherzig waren und die Gegner einfach hinwegfegten.

"Du hast dazugelernt, Jannis", murmelte Stavros.

"Und du scheinst es verlernt zu haben", höhnte der andere. Es war mehr gutmütiger Spott als Hohn. Stavros fühlte, wie sein Gesicht heiß wurde, vor Zorn, aber dann schwand die-

ser Zorn und machte Gleichgültigkeit Platz.
"Ich habe es im Norden nie gespielt. Gab Wichtigeres zu tun", sagte, indem er es vermied, Jannis in die Augen zu sehen.
"Natürlich, mit Tavlispielen hättest du es nicht soweit gebracht. Da gibt es andere Spiele, die man beherrschen muß, nicht wahr, Alter?"
Es klang respektvoll und versöhnlich, und Jannis sah ihn an, Zustimmung erwartend, aber Stavros hielt den Kopf gesenkt und brummte:
"Mach deine letzten Züge."
Aus dem Radio plärrte eine amerikanische Stimme über die Bucht. Stavros nahm einen Drink bei Georgios an der Bude, der an die Touristen Eis und Bier ausgab und Handtücher verteilte, auf denen sie in der stechenden Sonne brieten.
Plötzlich störte ihn diese aufgeregte Radiostimme, und er bat den Barmann, das Gerät abzustellen. Georgios wählte einen Sender mit griechischer Musik. Stavros ärgerliches Gesicht hellte sich auf, und er fing einen zustimmenden Blick von Jannis auf.
"Geht einem manchmal auf die Nerven, nicht wahr?" sagte dieser.
"Manchmal", erwiderte Stavros.
Als ob sein Ärger unschicklich gewesen sei, lächelte Stavros in die Runde. Da war Stefan, den sie im Flugzeug kennengelernt hatten und seine Frau Rosy, und das lustige Paar aus Hamburg, und die reizende Familie aus Bayern. Stavros lächelte und, seit er angekommen war, hatte er das Gefühl, wenig anderes getan zu haben als zu lächeln.
Er sah Maria herankommen.

Sie machte ein mürrisches Gesicht.
Er hatte gelernt, daß es zwei Arten dieses mürrischen Gesichtes gab, das gewohnt-mürrische noch mit Gutmütigkeit und Verzeihen und das zornig-mürrische, das Rechfertigung verlangte und kein Verzeihen kannte.
Nun schien sie zornig. Er sprang auf, eilte ihr entgegen. Sie empfing ihn mit Vorwürfen, wieso er nicht zum Baden gekommen sei und sie beim Strandspaziergang begleitet habe, wieso er es wage, sie stundenlang allein zu lassen. Da er wußte, daß sie vernünftigen Antworten in dieser Erregung nicht zugänglich war, nahm er sie in die Arme, lächelte sie an, gebrauchte die zärtlichsten Kosewörter wie mein armer, einsamer Hase, mein armes verlassenes Bärchen, und geleitete sie dann zur Bar, wo er sofort und laut einen Cognac bei Georgios bestellte, den dieser schnell brachte.
Dann ergoß sich ein Schwall von Worten über ihn, und Stavros hielt seinen Kopf gesenkt, und als er aufblickte, sah er, daß Jannis' Platz leer war.
Beschwichtigend legte er Maria die Hand auf die Schulter, streichelte diese sanfte runde Schulter, diesen schlanken geraden Rücken mit dieser immer noch jugendlichen, bronzefarbenen Haut, die noch warm war von der Sonne, und er fühlte, wie sie das Streicheln genoß, wie ihr Körper seiner Hand entgegenkam und der Wortschwall abebbte.
Er fühlte, wie er selbst die Berührung genoß, und dachte daran, wie gerne er sie berührte. Als sie still war, nahm er ihre Hand, und sie gingen zusammen zum Meer und sahen über die Bucht, die sich weit zum Horizont zog.
Das Hotel, in dem sie abgestiegen waren, war das vornehmste der Gegend. Früher, als kleiner Junge, wünschte er in ei-

nem solchen Haus zu wohnen, und manchmal schlich er sich in die Halle und beobachtete die Gäste.

Er sah sein Gesicht in der Spiegelwand hinter der Bar, dieses braune, kantige Gesicht mit den etwas tiefliegenden Augen und den starken Brauen, dem Haarschopf, der blauschwarz glänzte.

Nun war er in dieses Haus zurückgekommen, ein schöner, wohlhabender Fremder, zurückgekommen mit dieser Frau, die einiges Aufsehen erregte. Als er nun in ihr perfekt zurechtgemachtes Gesicht sah, konnte er nicht entscheiden, ob das Interesse an ihr ihn stolz machte oder ihm peinlich war.

Maria war stolz, teuer gekleidet, sorgfältig zurechtgemacht, sie war der Typ der erfolgreichen Frau aus dem Norden. Auch jetzt, da sie schlafend auf der Sonnenliege lag, hatte sie diese Arroganz der Wohlhabenheit. Das Seidentuch hatte sie über ihren wohlgeformten Körper drapiert, kunstvoll, als führe sie es ihren neidischen Freundinnen vor, was sie gerne tat. Das Gesicht hochgereckt, auch im Schlaf.

Er stand ihr in nichts nach, auch er teuer gekleidet und gepflegt.

Wie der Traum eines besseren Lebens waren sie in diese Einfachheit gerauscht, Erstaunen und Bewunderung hervorrufend.

Stavros war stolz gewesen.

Doch da waren diese einfachen Frauengesichter, natürlich gebräunt, ohne Farbe und Schminke, diese dunklen, tiefen Augen.

Stavros hatte sich dabei ertappt, wie er diese Gesichter suchte und in ihnen las, was er verstand. Seine Augen waren über die Frauenkörper getastet, und er hatte sich daran erin-

nert, wie weich sie sind.
Maria schreckte aus dem Schlaf hoch. Er wollte zu ihr eilen, aber sie winkte ab.
"Soll ich dir den Hut holen?" fragte Stavros.
"Nein, ich gehe zu Bett. Ich habe Kopfschmerzen. Diese Hitze hier macht mich verrückt", wehrte sie ab.
"Du wolltest unbedingt im August nach Kreta fahren. Ich habe dich gewarnt!"
"Gewarnt? Ich bin gefahren, weil du mir keine Ruhe gelassen hast."
Er antwortete nicht. Sie hatte recht. Sie hatte oft recht, und sie brachte es mit diesem fast kindlichen Trotz zum Ausdruck. Zuhause hätte ihn dieses kindliche Gehabe amüsiert. Es störte ihn hier. Er warf einen Blick zu Jannis, aber dieser war in eine Partie Tavli vertieft.
Ja, im letzten Jahr hatte ihn eine seltsame Unruhe gepackt, eine Art Heimweh, wie er verblüfft festgestellt hatte, nein, vielleicht nur Neugier darauf, was aus seiner Heimat geworden sei, und er hatte manchmal den Wunsch geäußert hinzufahren.
Es war nicht so, daß er darauf bestanden hätte, nein, er hatte es das eine oder andere Mal erwähnt und dann wieder vergessen.
Eines Tages war Maria mit den Tickets gekommen, eine Überraschung hatte sie gesagt. Es war an jenem Tag gewesen, da er den großen Geschäftsabschluß gemacht hatte.
Es war eine Art von Dankbarkeit, denn er hatte nie erlebt, daß sie dankbar war. Stets, so hatte sie ihm zu verstehen gegeben, sei es an ihm dankbar zu sein, für die Möglichkeiten, die sie ihm eröffnet hatte. Nun, jedoch, sie war nicht unfair.

Sie anerkannte Leistung, besonders jene, die genügend Geld einbrachte. Die Reise nach Kreta schien weniger eine Belohnung als ein Ansporn für weiteres zu sein. Er hatte sich gefreut und nicht über Marias Motive nachgedacht. Er liebte sie, er kannte ihre Eigenheiten, er nahm sie in Kauf.
Als er nun darüber nachdachte, war er plötzlich verärgert darüber, daß sie in all den Jahren nie ein "danke" über die Lippen gebracht hatte.
Er hatte aus dem kleinen Elektrogeschäft ihres verstorbenen Mannes ein Unternehmen gemacht. Sie waren wohlhabend.
Und nie ein danke! Stavros war, es erstaunte ihn selbst, plötzlich empört.
"Ich werde mit Jannis noch ein Spiel machen", sagte er. Er schien ebenso trotzig wie sie, aber sie sah es nicht, denn sie war davongeeilt, ohne auf seine Antwort zu achten.
Er bestellte bei Georgios einen doppelten Ouzo.
Nachdem er einen Schluck genommen hatte, orderte er: "Einen Ouzo für deine Gäste, Georgios."
Er kramte aus seiner Geldbörse einige Geldscheine und reichte sie dem Kellner.
"Zuviel. Viel zu viel", sagte dieser.
"Davon kann man nie zuviel kriegen", murmelte Stavros.
Georgios musterte ihn einen Weile und steckte dann das Geld zerknüllt in seine Tasche.
Der Geldbeutel lag wie ein aufgeblasenes Insekt auf dem Bartresen. Trotzig starrte Stavros darauf, als hoffe er, daß ihm daraus eine Art von Genugtuung erwachsen würde. Aber das einzige, was er fühlte, war Scham, und er nahm die Börse schnell an sich und steckte sie in seine Tasche.
Verlegen wie ein Kind, das einen billigen Streich verübt hat,

starrte er in die Runde. Man trank ihm freundlich zu. Jannis winkte kurz und vertiefte sich wieder in sein Spiel.

Nach einem weiteren Ouzo fand er sich und das Ganze lächerlich und machte sich auf den Weg zu Maria. Er fand sie schlafend. Er küßte sie leicht. Kleine, geliebte, widerspenstige Frau, dachte er, und konnte seinen Ärger kaum begreifen.

Hatte er nicht gewußt, daß die Frauen da oben anders sind, und liebte er sie nicht gerade deswegen?

Dieses Kreta, dachte er, bringt mich auf die seltsamsten Ideen.

Maria wachte auf und lächelte. Ja, das konnte sie sein, charmant und liebenswert, und manchmal fürsorglich wie seine Mutter gewesen war, und Stavros dachte daran, wie gern er sie so hatte, und wie sie ihn liebte, auf diese spröde, unberechenbare Art. Es war diese Art, die ihn gereizt hatte.

Sie strich ihm übers Haar und flüsterte: "Geh zu deinem Jannis und fordere Revanche."

Er lachte, deckte sie zu und ging nach unten.

Wiederum ließ er seine Faust mit den Würfeln in Augenhöhe des Gegners tanzen. Wiederum sah er, daß er verlor. Schon wollte er in Gleichgültigkeit verfallen bei dem Gedanken, wie unbedeutend das Ziel dieses Spiels war gegenüber anderen Zielen, die er erreicht hatte, da packte ihn eine Wut, von der er nicht wußte, woher sie kam, und sie ähnelte jener Wut aus seiner Jugend. Er spürte wieder den Zwang, siegen zu wollen, siegen zu müssen, über sich, über dieses lächelnde Gesicht von Jannis.

Zornrot schoß ihm in die Wangen, aber es machte bald der Blässe Platz, die sein Gesicht zur Maske erstarren ließ. Er

spürte, wie alles in ihm sich auf das Spielbrett konzentrierte, wie die Jahre abfielen, wie er den Ernst und den Respekt gegenüber dem Spiel zurückgewann.
Er spielte schnell, wie besessen, und als er in das Gesicht von Jannis sah, war dieses ebenso ernst wie seines, und er konnte den Respekt sehen.
Stavros gewann die Partie. Er gewann die darauffolgenden Partien. Die Gegner wechselten, Stavros sah kaum ihre Gesichter, er sah nur die Hände, die die Holzknöpfe bewegten.
Stavros gewann gegen Manolis und Michail und einige Kumpel von früher, deren Namen er vergessen hatte.
Als Maria ihn rief, hob er kurz den Kopf, unwillig, und gab keine Antwort. Als Maria ein zweites Mal rief, sah er sie nicht an.
Jannis hatte ihm gegenüber wieder Platz genommen.
"Warum fängst du nicht an?" fragte Stavros.
Jannis betrachtete ihn lange:
"Es nützt nichts anzufangen. Das Ende steht bereits fest. Heute hat niemand eine Chance gegen dich."
Maria war zum Meer gelaufen. Stavros sah ihre kleine drahtige Gestalt gegen den Horizont. Sie lief in die Wellen, als wolle sie nicht mehr zurückkehren.
"Rede nicht, fang an."
Jannis eröffnete das Spiel.
Nie ein danke, dachte er, ich war sehr bequem. Ein bequemes Arbeitstier. Ein Hampelmann, der an ihren Fäden hängt. Was ist das für ein Stolz, mit dem ich zurückgekommen bin? Der Stolz eines Herrenhundes. Ich glaubte, als Herr zurückzukommen, aber die hier, Jannis und Manolis und Michail und die anderen haben erkannt, daß ich ein

Hund bin, der die Pfoten der Herrin leckt.
Seine Faust krachte auf den Tisch, daß die Holzkreisel tanzten.
Jannis schwieg und machte seinen Zug.
Stavros hatte Maria nicht kommen hören. Er fühlte eine Hand auf seiner Schulter, und als er in ihr Gesicht blickte, sah er darin eine Weichheit, die er nicht kannte. Sie küßte ihn auf sein blauschwarzes Haar.
Stavros spielte und gewann. Er spielte ein weiteres Mal und gewann wieder. Er beachtete Maria nicht, die hinter ihm stand. Manchmal legte sie ihre Hand auf seinen Arm. Er beachtete auch dies nicht.
Er spielte mit der ernsten Maske des Siegers.
Sie spielten, bis die Sonne untergegangen war. Die Touristen waren längst fort, Georgios hatte seine Barbude geschlossen.
Nun standen er und die anderen um die Spieler.
Die Frau hatte zuvor für alle Ouzos bestellt; Stavros Glas stand unberührt.
Die Frau schmiegte sich an den Mann. Manchmal lächelte sie Jannis zu, und dieser erwiderte mit einem freundlichen Nicken ihren Blick.
Die Frau suchte auch Stavros' Blick einzufangen, aber dieser war auf das Spielfeld geheftet, als spielte sich dort das Wichtigste seines Lebens ab.
Die Frau verstand plötzlich und drückte den Arm des Mannes. Er blieb unbeweglich.
Während er gewann, fühlte Stavros eine Leichtigkeit, die er vorher nie gekannt hatte. Sie erinnerte an die Leichtigkeit der Kinder im Spiel.

Es fiel auf, daß Stavros' Faust auf dem Tisch lag, während er die Würfel sanft hin und her schwenkte.

Singh

Er schien immer da zu sein.

Wenn man die Leute fragte auf der Insel, ob er da sei, antworteten sie: Natürlich, er ist immer da. Obwohl er manchmal fort ging, mit einem Schnellboot frühmorgens sich von der Insel schlich, als gehöre es sich nicht, sich zu entfernen, für einen wie ihn.
Die Erinnerung an ihn war ebenso beeindruckend wie seine Gegenwart, und wenn er einmal abwesend war, schien man ihn zu spüren und zu sehen, diese starren Augen, und seine Silhouette zu erkennen mit dem wallenden, grauen Haar gegen das Licht.
Immer stand er an der Theke der Bar und sah auf etwas, das außerhalb war, jenseits von dem flirrenden weißen Sand, dem unruhigen Meer und der erbarmungslosen Sonne. Er stand da, groß, aufrecht, den rechten Arm leicht auf die Theke gelehnt, mit der Hand das Glas mit dem Chardonnay-Wein umfassend.
Er war schlank, aber muskulös. Er war nahe der Fünfzig. Sein Gesicht war fest, und sein Haar floß lang und dicht über seine Schultern. Seine Haut war braun, ein dunkles sattes Braun, aber seine Augen waren blau, und wer es wagte, in diese Augen zu sehen, erschrak über die klare und eindeutige Bläue dieser Augen, die nicht zu dem fremdarti-

gen Gesicht passen wollten. Den Neugierigen pflegte er dann amüsiert und mit leichter Ironie anzulächeln, so dessen Neugier entlarvend und ihn zu erstaunen mit dem Lächeln, das dem Gesicht ebenso fremd schien wie die Farbe der Augen.
Die Bar war nach allen Seiten offen, und der Wind fegte hindurch, und Menschen kamen, nahmen einen Drink, lachten, plauderten, gingen wieder, aber er stand da und trotzte allen Bewegungen.
Es kamen viele Urlauber auf die Insel, und sie stießen mit ihrer Fröhlichkeit auf diesen statuenhaften Mann, waren erstaunt, dann neugierig, und als niemand ihre Neugierde befriedigen konnte, wurden sie uninteressiert an jemandem, der die Fröhlichkeit nicht teilte.
Allenfalls die Frauen pflegten noch eine Zeitlang ihre Neugierde, denn der Mann war gutaussehend und auf jene Art unergründlich, die Frauen gelegentlich reizt, das Geheimnis zu erforschen. Manchmal tuschelten sie hinter seinem Rükken, aber, obwohl er das Flüstern hörte, die Vermutungen und Meinungen über seine Person, überhörte er alles und übersah alles, und sein Gesicht blieb noch unbeweglicher als zuvor.
Manchmal warf ihm einer der ceylonesischen Barkeeper ein Wort zu, und er antwortete ihm in seiner Sprache, dann aber schwieg er wieder und das Wort war wie ungesprochen.
Gelegentlich fragten neugierige Touristen die Einheimischen auf der Insel nach ihm aus, aber diese antworteten knapp. Man rätselte, ob sie nichts von ihm wußten oder nicht gerne über ihn sprechen wollten. Manchmal taten die Schwarzen auch, als verstünden sie die Fragen nicht. Dann

waren sie rätselhaft wie er, aber man kümmerte sich nicht darum, denn Rätsel entschlüsseln ist mühsam in Zeiten, da man unbeschwert und heiter sein möchte. So wandten sie sich den leichten Dingen zu, für die sie auf diese Insel gekommen waren und nahmen den Mann als etwas, das zur Insel gehörte und doch zu nichts gehörte.

Asif, der schwergewichtige, ceylonesische Barkeeper, der jeden freundlich begrüßte und bei allen beliebt war, war der einzige, mit dem der Mann längere Gespräche führte. Wenn man überhaupt den schnellen Monolog und die knappen Antworten als Gespräch im richtigen Sinne bezeichnen wolle. Immerhin brachte Asif den Mann öfter dazu zu lächeln. Von Asif wußte man auch das Alter des Mannes, und die von Asif stets mit größtem Respekt verkündete Information, verbunden mit einer für ihn sehr ernsthaften Miene: Der Mann käme aus London, sei sehr reich und habe sich hier zur Ruhe gesetzt.

Wenn man nachfragte, wo der Mann lebe, deutete Asif auf eine Hütte etwas abseits der Bar, die anders als die anderen Hütten nicht am Strand, sondern inmitten des Gewirrs der Takamakabäume und Schraubenpalmen und deren Ästen und Luftwurzeln versteckt lag.

Dann gestand Asif, daß er die Hütte nie betreten, daß keiner der Einheimischen die Hütte je betreten habe, auch nicht die Zimmerboys. Der Mann pflege selbst sein Haus zu reinigen. Im übrigen wohne der Mann nicht ständig auf der Insel. Manchmal käme ein Boot, eines jener modernen Schnellboote, ihn abholen und er verschwände tagelang, wochenlang, und niemand wisse, wohin er führe.

Trotzdem blieb er für alle immer anwesend und auch jene,

die längst ihre Neugierde vergessen hatten, spürten die hohe Gestalt mit dem wallenden grauen Haar an dem Platz an der Bartheke und, unausgesprochen, vermißten sie das Erhabene, das diesem einfachen Platz etwas Besonderes gab.

Immer war der Mann da, an dieser Stelle, und nirgendwo sonst sah man ihn auf der Insel. Man sah ihn nicht im Restaurant oder am Meer.

Doch der Mann ging jeden Tag ans Meer. Er ging jeden Tag den Weg von seiner Hütte ans Meer, und nachts ging er am Strand entlang und manchmal schwamm er weit über das Riff hinaus. Er achtete darauf, daß er nicht mit den Touristen zusammentraf, die lärmend die Insel vereinnahmten.

Den Weg zum Meer, den er nahm, kannte niemand. Der Weg führte durch Gestrüpp und Sumpf zum Strand. Er hatte ihn selbst freigelegt, als er auf die Insel gekommen war. Über den Sumpf führten Holzbalken, die er unter großen Mühen herbeigeschafft hatte.

Nur Asif, der ihm dabei geholfen hatte, wußte von dem Weg, und er hatte ihm befohlen, ihn nicht zu verraten.

Er hatte auch den anderen Schwarzen auf der Insel zu Anfang befohlen, nicht über ihn zu sprechen. Nein, ein Befehl war es eigentlich nicht gewesen, mehr ein Wunsch, den er beiläufig erwähnt hatte, ohne Nachdruck. Doch die Schwarzen, in ihrer Ernsthaftigkeit, respektierten den Wunsch. Eigentlich war es ihm gleichgültig, ob man über ihn sprach. Aber er tat einiges, um in Ruhe gelassen zu werden.

Er hatte nie erwartet, allein sein zu können, damals in der Stadt. Doch dann war da dieser merkwürdige Zufall gewesen. Diese Erbschaft von jemandem, den er im Krieg gepflegt und längst vergessen hatte.

Er erinnerte sich, wie lächerlich dieser Brief gewesen war, den er erhalten hatte. Lächerlich wie die Werbebriefe der Lotterie. Er hatte ihn weggeworfen. Und dann wurde alles amtlich und ernsthaft, der Notar, der Anwalt, sie gingen mit gewichtigen Schritten in sein Leben und fast machte ihm diese Würde, die sie hatten, angst. Dann das Schreiben der Bank und die Zahl, die darauf stand, harmlos wie andere Zahlen zuvor, und doch tilgte diese Harmlosigkeit sein bisheriges kleines Leben und gab Platz für lange vergessene Hoffnungen.

Kurz darauf hörte er von den Inseln, und er arrangierte sein neues Leben und wunderte sich, wie leicht alles ging.

Er kaufte sich eine Hütte auf zwei der vielen, kleinen Inseln des Atolls; so vermied er es, einer Insel zugehörig zu sein. Natürlich war er nicht sehr reich, wie die Schwarzen vermuteten. Sie neigten zu Übertreibungen, um sich dann daran wie Kinder zu ergötzen. Die Summe Geldes, die da aus einer vergessenen Vergangenheit gekommen war, hatte gereicht für das, was er gewünscht hatte und für ein gutes Auskommen auf den Inseln.

Ein vernünftiger Mensch hätte das Geld auf die Bank gelegt und sich einige Extras geleistet. Er wollte keine Extras für sein langweiliges Leben in der Stadt, das durch sie nicht besser geworden wäre. Übrigens wollte er unvernünftig sein. Vernunft hatte er genug gehabt, und als er in den Spiegel gesehen hatte, eines Tages, hatte er erkannt, daß sie ihn nicht an ein einziges der Ziele gebracht hatte, die er einmal gehabt hatte.

Ja, mehr, die Vernunft hatte seine Ziele weggefegt.

Für die Verhältnisse auf den Inseln besaß er ein Vermögen. Er wußte, wie außerordentlich interessant er für die Leute auf der Insel war, aber daß er im Mittelpunkt stand, amüsierte ihn gelegentlich, wenn es ihm nicht gerade gleichgültig war.
Sein Hochmut war Unabhängigkeit.
Er lebte nach einem neuen Plan, dessen Kennzeichen war, planlos zu sein. Er tat, was ihm einfiel und das meiste tat er, um seine Ruhe zu haben.
So hatte er ein lautloses Leben. Er liebte das Meer und die beständige Sonne. Er liebte die heiteren Schwarzen, und, von Ferne liebte er auch die Heiterkeit der Urlauber, solange sie ihn nicht betraf.
Er blieb gewöhnlich länger auf der kleinen Insel, um mit Asif zu sein. Er hatte dafür ceylonesisch gelernt, um Asifs feinen Humor zu verstehen. Dann aber wieder entging er ihm, indem er auf die andere Insel fuhr, wo er eine Hütte besaß. Dort lebten nur Einheimische, und nachdem sie zu Anfang ständig seine Hütte belagert und ihn beobachtet hatten, hatten sie sich an ihn gewöhnt und ließen ihn in Frieden.
So war es an ihm, sie zu beobachten, wenn sie vom Fischfang kamen, wenn sie an ihren Hütten bastelten oder sich zum Palaver am Strand trafen. Manchmal fuhr er mit ihnen zum Fischfang aus, und dann brieten sie am Abend den Fang an einem Feuer am Strand. Dies liebte er besonders, denn danach spielten sie ihre Musik mit den großen Trommeln, und ihr rhythmisches Singen und Tanzen dauerte bis in den frühen Morgen.
Er war ein Mann ohne Leidenschaften, obwohl er danach

aussah. Aber er hatte eine große, leidenschaftliche Liebe zur Musik. Es will heißen, er hatte diese Leidenschaft entwikkelt. Es bereitete ihm Vergnügen, die Gesänge der Schwarzen auf Band aufzunehmen - er war dafür heimgefahren, um sich ein modernes Tonbandgerät dafür zu kaufen. Seine einzige Heimreise in dem halben Dutzend Jahren, die er nun auf den Inseln war.

In seiner Hütte pflegte er dann seine Notenbücher hervorzuholen und die Lieder, so gut es ging, in Noten zu fassen. Er war nicht besonders musikalisch, aber wenn er auf einer alten Flöte, die noch von seiner Mutter stammte, die fremden Lieder spielte, klangen sie seltsam vertraut.

Er hatte einmal Asif davon erzählt, und der Dicke war seither unermüdlich, ihm neue Lieder vorzusingen. Dies tat er gelegentlich, ohne Scheu, in der Bar, wenn Fremde da waren, und das Singen und das seltsam unbewegte Gesicht des zuhörenden Mannes waren ein ungewöhnliches Schauspiel.

Nie hatte der Mann gedacht, auf einer tropischen Insel zu leben, er, der ein Mensch der Stadt war, die er selten verlassen hatte. Nie hatte er daran gedacht, etwas Besonderes zu sein, jemand, der aus einem gewöhnlichen Leben ausscheren könne, um sich in ein regelloses Insellebens zu begeben, das nur dem leichten Rhythmus der Natur verpflichtet war.

Er war ein kleiner Büroangestellter, und natürlich hatte er geträumt, einmal da oder dorthin zu fahren, um dem mitteleuropäischen Klima zu entrinnen, das ihm stets unangenehm war.

Ja, es hatte ihn nichts je so gestört als das unbeständige Klima seiner Heimat. Der Regen, die grauen Tage hatten ihn stets ungewöhnlich melancholisch gemacht.

Es ist das Erbe des Vaters, hatte er sich gesagt, und jene Augenblicke, da er sich wie krank fühlte, waren die einzigen Momente, da er an seinen Vater dachte, den er nie gekannt hatte. Sein Vater war Inder, und er hatte seine Mutter verlassen, noch ehe er geboren wurde. Aber dieser Vater hatte nie eine Rolle im Leben der Frau und des Kindes gespielt, und nie hatte das Kind nach ihm gefragt.
Auf den Inseln hatte er die Liebe zur Musik entdeckt. Nie hatte er geglaubt, daß er fähig sein würde, sich etwas völlig zu ergeben. Nie hatte er gehofft, etwas zu finden, das sein Leben ausfüllen und ihn befriedigen könne.
Er hatte dieses alltägliche Leben geführt, wie andere auch, und geglaubt, daß Leben nichts anderes sei als Arbeit und diese kleinen Ablenkungen. Musik war eine der Ablenkungen, die man gernhat, ohne sie wahrhaft zu lieben.
Nun, da er die Ruhe gefunden hatte, wuchs aus der Ruhe diese Liebe zur Musik, die ihn selbst tief erstaunte. Mehr noch erstaunte ihn, daß er gerade diese einfache Musik liebte, die kleinen Lieder, den dunklen Rhythmus der Trommeln.
Wegen der Musik hatte er viele der kleinen Inseln besucht und den Einheimischen gelauscht und die Gesänge auf Tonband aufgezeichnet.
Er liebte es, am Abend stundenlang der Musik zuzuhören und in den klaren Himmel zu sehen und dieses wohlige Gefühl zu spüren, das wie eine Welle durch ihn ging, und zu wissen, daß es nichts gab, das er lieber hätte.
Als er eines Abends, nachdem die Sonne untergegangen war, im Meer schwamm, sah er ein Dhoni, eines jener wendigen, hölzernen Einheimischen-Boote, am Bootssteg der

Insel festmachen.

Ein Schwarzer kletterte heraus und befestigte das Tau um einen Holzbalken. Dann entstieg jemand dem Boot, geübt und behende, und der Mann hätte längst seinen Blick von den Ankömmlingen abgewendet, wenn nicht etwas an dem Aussteigenden ihn gefesselt hätte.

Der Mensch, groß und schmal, ging den langen Bootssteg entlang, nein er schritt ihn ab, als sei eine Eskorte zu beiden Seiten der Planken für ihn angetreten. Der Mensch hatte langes, graues Haar, und der Mann im Wasser traute einen Augenblick nicht mehr seiner Vernunft - es war, als schreite er selbst dort auf dem Steg dahin, stolz und unnahbar.

Als das Wesen in den Lichtkegel des Scheinwerfers kam, der einen in Buschwerk geschlagenen Weg markierte, sah er, daß der Ankömmling eine Frau war. Auf ihrem Rücken trug sie eine Gitarre und der Holzkörper der Gitarre schmiegte sich an ihren Rücken.

Dann verschwand sie im Dunkel des Weges.

Der Mann hielt noch eine Weile im Wasser inne, nahezu bewegungslos, und schwamm dann schnell zurück an den Strand.

In den nächsten Tagen tat der Mann, was er gewöhnlich tat, und der Gedanke an die Frau, die ihm ähnlich schien, verblaßte.

Dann, eines Nachts, hörte er unweit seines Hauses Musik.

Die Klänge, die er hörte, berührten ihn seltsam, als wären sie ihm seit langem vertraut.

Er schlüpfte in seine Shorts und ging der Musik nach.

Im Mondlicht sah er die Frau am Strand sitzen, über die Gitarre gebeugt, nicht als spiele sie auf ihr, sondern als flü-

stere sie mit ihr.
Das lange Haar war wie eine Decke über sie gebreitet.
Während Büsche und Bäume im Dunkeln lagen, saß die Frau in einem Strahl des Mondlichts, das sich schimmernd über die Wellen fortsetzte und sich dort verlor.
Die Musik war monoton und abgehackt.
Die Gitarrenklänge standen starr und klagend in der Stille, wie die Rufe eines Verlorenen.
Manchmal sang die Frau dazu, mit einer rauhen, tiefen Stimme, und auch der Gesang war wie verloren.
Der Mann hielt sich im Dunkeln der Bäume. Nun wußte er, warum ihm die Musik vertraut schien. Sie erinnerte ihn an die Musik der Schwarzen, und das Monotone war gleich dem dumpfen Rhythmus der Trommeln.
Lange stand der Mann da, betrachtete das Bild vor sich, das man nicht stören konnte, und, als die Frau sich erhob, ging er schnell den Weg zurück zu seinem Haus.
Am nächsten Morgen ging er früh in die Bar, da er wußte, daß Asif früh seinen Dienst begann und bestellte einen Kaffee, den er, die erste Zigarette rauchend, am Bartresen einnahm.
Asif war, wie immer, gutgelaunt und redete unentwegt, und der Mann schwieg, wie immer. Aber wenn er den Kopf zu Asif drehte, um eine seiner kargen Antworten zu geben, bemerkte er, daß er Asif überhaupt nicht zugehört hatte, und er gab zerstreute Antworten.
Asif war das Schweigen des Mannes gewohnt und dessen knappe Antworten, die knapp waren, jedoch orginell oder witzig oder ironisch, aber immer passend, und die Asifs Humor entfachten und ihn zu neuen Geschichten anregten.

Aber er kannte nicht diese Zerstreutheit, und Asif nahm sie als Mißbilligung seiner Kunst und zeigte, daß er tief beleidigt war, indem er das Radio andrehte und Gläser spülte und sich mit Mohammed unterhielt aus der Küche, den er nicht leiden konnte.
Der Mann nahm dieses Ritual des Beleidigtseins wahr. Aber er nahm es in Kauf, da das Plappern ihn plötzlich gestört hatte. Er hatte auf Asifs Ablenkungen gehofft, nach dieser Nacht, aber dann hatte er gefühlt, daß er keine Ablenkungen brauchen konnte, sondern daß es besser war, den Gedanken nachzuhängen.
Nach längerem Schweigen fragte er wie beiläufig:
"Du weißt doch immer, was hier los ist, Asif. Wer ist die Frau, die Große mit den langen, grauen Haaren, die gestern ankam?"
"Weiß nicht."
Der Mann trank in Ruhe seinen Kaffee. Er hatte wieder diesen Blick in die Ferne, der ihn bei den Touristen so interessant machte. Jemand, der ihn einmal couragiert auf diesen Blick hin angesprochen hatte, hatte er erklärt, scherzhaft, der Blick sei absolut ohne Sinn und Ziel, er übe sich damit im Nichtdenken, was eigentlich schwierig sei.
Nun übte er sich wieder im Nichtdenken. Er übte sich darin, nicht an Asifs schroffe Antwort zu denken, und dann übte er sich darin, nicht an die Frau zu denken, und es gelang ihm beinahe.
Immerhin zog er in Zweifel, ob es denn wichtig sei, daß Asif die Frau kannte. Es war, kam er dann zu dem Schluß, nicht wichtig, etwas über sie zu erfahren. Die Frau war nicht wichtig.

Er legte einige Münzen auf den Tisch und ging fort.
An einem Abend, als er den Weg zum Meer hinunterging, stand die Frau plötzlich vor ihm.
Sie stand da, hochaufgerichtet, als hätte sie lange auf ihn gewartet.
Sie schien auch nicht überrascht, wie der Mann, eine ihr ähnliche Silhouette zu sehen.
Sie lächelte und sagte:
"Ich finde den Weg nicht mehr zurück. Hier war ich nie."
"Hierher kommt niemand. Niemand kennt den Weg."
Der Mann schien ungehalten über den Eindringing.
"Ist es ein Geheimweg?" fragte die Frau. Es klang spöttisch.
"Nein, aber es ist besser, wenn keiner ihn findet. Man hat dann seine Ruhe."
"Ich will niemanden stören. Ich will selbst nicht gestört werden. Bitte sagen Sie mir, wie ich zum Strand komme."
"Folgen Sie mir."
Als sich das Buschwerk lichtete, und den Blick auf das Meer freigab, ging die Frau schnell voran, winkte aus einiger Entfernung und warf sich in die unruhigen Wellen.
Der Mann gab sein Vorhaben zu schwimmen auf und ging zurück zum Haus.
In einer der darauffolgenden Nächte hörte er wieder die Musik.
Er zog seine Shorts an und ein Hemd und ging der Musik nach und traf die Frau, über der Gitarre kauernd, ihr monotones Lied spielend.
Als er näher kam, und sein Körper Schatten im Mondlicht warf, drehte sie sich um, lächelte ihm zu und bedeutete ihm mit einer Handbewegung, neben ihr Platz zu nehmen.

Er setzte sich nieder, und sie fuhr fort mit ihrem Gesang und ihrem Spiel.
Nachdem er eine Weile neben ihr gesessen war und ihr zugehört hatte, sagte er, er hoffe, er störe sie nicht.
Sie drehte ihr Gesicht dem Mann zu und zeigte ein Lächeln, mit dem sie ihm sagte, daß sie sich an ihr Zusammentreffen erinnerte, währenddessen sie ihn offensichtlich gestört hatte.
"Ich habe es gerne, wenn man mir zuhört", sagte sie dann ernst. Wenn sie ernst war, paßten die Linien in ihrem dunkelgebräuntem Gesicht zu ihrem Alter. Sie schien um die Fünfzig, aber das sah man erst, wenn man sie sorgfältig betrachtete, denn ihr Gang und ihre Figur waren jugendlich und ihr Lachen ebenso.
"Aber meine Musik ist nichts zum Zuhören. Nicht sehr anspruchsvoll, nur für mich, um Spaß zu haben", lachte sie dann.
Während sie sprach, hatte sie nicht aufgehört, Akkorde auf der Gitarre zu spielen. Nun klangen diese Begleitakkorde weicher als zuvor.
Irgendwann erhob sich der Mann und ging ins Haus zurück.
Auch am nächsten Abend spielte die Frau am späten Abend, und der Mann, nachdem er in seinem Haus auf die Musik gewartet hatte, ging zu der Frau und setzte sich neben sie in den Strand, und sie spielte und sang, als säße sie allein.
An diesem und an den nächsten Abenden sah er, wie sich im Dunkel der Bäume eine Reihe von Menschen versammelten, um der Musik zu lauschen.
Keiner von ihnen kam näher. Sie schienen das Bild von Intimität, das der Mann und die Frau unten am Strand boten, nicht stören zu wollen, und bald löste sich die Reihe auf.

"Ihre Musik", sagte der Mann eines Abends, "ist wie die Musik der Einheimischen."
"Ja?" sagte die Frau interessiert und beendete ihr Spiel. "Für mich sind es Fingerübungen. Ich spiele, was mir in den Sinn kommt. Wenn ich sehr unbescheiden bin, sage ich mir, dies sind meine Kompositionen. Ich habe nie die Musik der Schwarzen gehört. Und Sie?" Sie lächelte dabei wieder sehr jung.
"Manchmal fahre ich von Insel zu Insel, nur um ihre Musik zu hören und sie tanzen zu sehen. Ich bin davon, nun ja, man kann es so sagen, wirklich fasziniert. Obwohl die Musik einfach ist und sich vieles wiederholt, bin ich von ihr beieindruckt."
"Es ist", fügte er verlegen hinzu, "fast eine Marotte. Scheinbar wird man wunderlich, hier auf den Inseln."
Die Frau sah ihn an, und sie beobachtete, welch sanfte Gesichtszüge ihm die Verlegenheit brachte.
"Wir Europäer brauchen immer eine Erklärung für das, was wir tun", antwortete sie. "Die Leute hier tun, fühlen, singen, tanzen und fragen nicht, warum und wie es wohl wirken mag. Die Musik ist natürlich, und das spricht Sie an. Warum groß darüber nachdenken?"
Sie schien, während sie es sagte, überzeugt von allem, aber sie schien seltsam unbeteiligt, als wäre sie längst über solche einfachen Erkenntnisse hinaus.
"Ich übe mich hier im Nichtdenken", antwortete der Mann, "aber es ist gar nicht so einfach."
Er lächelte, und die Frau erwiderte das Lächeln, und sie zupfte einige leichte Akkorde auf der Gitarre.
An einem Morgen, während er in der Bar seinen Kaffee

nahm, kam die Frau. Während sie, hocherhobenen Hauptes, dahinging, sah er, daß ihr Gang beschwingter war als der seine.
"Ich habe," sagte sie, als sie auf ihn zuging, "solche Gestalten wie Sie in Indien gesehen. Groß, erhaben, unnahbar." Sie sagte es lächelnd.
Es gefiel ihm, daß sie es sagte, ohne Scheu und lächelnd.
"Mein Vater war Inder", antwortete er, "es muß von ihm kommen. Ich habe ihn nie kennengelernt."
"So kennen Sie nicht die Hälfte ihres Ichs. Schade. Ich komme gerade aus Indien. Die Menschen dort haben mich fasziniert."
"Ich kann mit Exotik leider nicht dienen. Ich bin nur ein langweiliger Engländer und wie alle Engländer ausgestattet mit einem Hang zum Skurilen. Sie erinnern sich, meine fanatische Liebe zur Musik der Inselbewohner."
Er sagte dies halb ernst, halb spöttisch.
"Aber Sie", sagte er, "Sie haben auch etwas von diesem indischen Gang."
"Ich war überall die Größte", entgegnete sie lachend, "als kleines Mädchen habe ich mich dafür geschämt und mich geduckt. Dann, später, sagte ich mir, das ist meine Natur. Und von da an ging ich aufrecht. Es ist keine indische Spezialität, es ist die meine."
Er hatte lange nicht mehr mit Europäern gesprochen, er hatte sich lange nicht vorgestellt, daß eine solche Unterhaltung amüsant sein könnte. Nun war da diese Frau, die keine Scheu vor seiner Erhabenheit hatte, die ohne Scheu ihre Musik mit ihm teilte. Sie schien erhaben wie er und liebte diese Musik, aber er erkannte, daß, was sie zu verbinden

schien, sie eigentlich trennte. Er dachte, daß seine Unnahbarkeit wie ein Schild war und seine Liebe zur Musik etwas von einem Kult hatte. Bei ihr schien alles natürlich.
Er dachte auch, daß es sonderbar war, daß diese Frau, die er nur wenig kannte, ihn auf solche Gedanken bringen konnte.
Er war plötzlich beunruhigt und verabschiedete sich schnell.
An diesem Abend blieb er im Haus, während er auf die seltsam monotonen Gitarrenklänge hörte, nicht weit von ihm.
Während der nächsten Abende erwartete er, die Musik zu hören, aber sie blieb aus.
Er ging zum Strand, doch der Strand war leer im Mondlicht und vereinsamt.
Zum ersten Mal fühlte der Mann sein Alleinsein. Er ging jeden Abend an den Platz, wo die Frau gespielt hatte, und sah aufs Meer. Er hörte die Musik von den Tonbändern, und zum ersten Mal dachte er, es sei besser, sie mit jemandem zu teilen. Er dachte daran, daß er Spaß daran hätte, etwas von dieser Musik einem anderen, der es verstand, zu erklären.
Als er sich eines Abends sehr alleine fühlte, holte er seine Aufzeichnungen hervor und las darin, was er über die Tänze der Schwarzen notiert hatte; er hatte lange nicht darin gelesen. Dann ertappte er sich dabei, daß er es laut vorlas für jemanden, der nicht da war.
Manchmal, tagsüber, spazierte er auf den Wegen der Insel, wo er auf Touristen traf, doch ihr Lärmen störte ihn.
So fuhr er eines Tages zu seinem Haus auf der Insel der Schwarzen, und als er wieder den trägen Rhythmus ihres Lebens fühlte und an den Abenden ihren Gesang hörte und den entrückten Tänzern zusah, hatte er wieder die Zufrie-

denheit, die er immer gehabt hatte.
Als er eines Morgens Asif wiedertraf, der von einer Reise zu seinen Leuten zurückgekehrt war, schien alles wieder im Lot. Asif schwatzte, erzählte die Neuigkeiten von seiner Familie, gab den einen und anderen Scherz zum besten, und der Mann freute sich daran und gab seine knappen, doch treffenden Antworten.
Plötzlich, inmitten des fröhlichen Palavers, sagte Asif wie beiläufig, daß die Frau wiederkäme, in ein paar Tagen.
"Seit wann weißt du das", fragte der Mann nach einer Weile, nachdem er sicher sein konnte, daß seine Stimme frei von jener kleinen Aufregung war, die er plötzlich spürte.
Er sah, wie Asif ihn aus den Augenwinkel heraus beobachtete, und er kannte seine Lust auf Sensationen, wenn sie auch noch so unbedeutend waren.
"Seit dem Tag, an dem sie abgereist ist. Ich solle Ihnen die Nachricht hinterlassen, daß sie wiederkäme."
Der Mann fragte nicht, warum Asif ihm die Nachricht so spät überbrachte, weil er wußte, daß Asif die Frage, vielleicht auch einen Vorwurf, erwartete.
Stattdessen trank er schweigend seinen Kaffee und ging dann mit einem "Auf morgen" fort.
Der Mann ließ sich mit einem Boot zur Insel der Einheimischen bringen und ging mit den Schwarzen auf Fischfang.
Am Abend, als er zurückkehrte, hörte er die Musik.
Er ging aus dem Haus und sah die Frau am mondhellen Strand.
Er blieb im Dunkel der Bäume stehen und hörte auf den Klang der Stimme und das Klagen der Gitarre.
Dann ging er zurück ins Haus.

Er schaltete das Tonband ein und stellte es laut, bis die Musik die andere übertönte.
Irgendwann dachte er daran, zurückgelehnt in die weichen großen Kissen, wie sehr er sich daran freuen konnte, diese Musik zu hören, und daß es nichts Skuriles hatte, sie immer wieder zu hören.
Irgendwann dachte er auch an seinen Namen, den er von seinem Vater hatte, Singh, und er wußte, daß es ihm nichts bedeutete.

Siam

Er war jemand, den man im Rücken spürte. Einige der Gäste, die in feingeschwungenen Ledersesseln in der Halle des Hotels saßen und wie alle in Hotelhallen Sitzende auf etwas Aufregendes hofften, drehten sich nach ihm um. Es drehten sich Frauen und Männer um. Das Umdrehen war wie ein Reflex, aber dann sah man den Fremden länger an, mit Interesse, solange es in einem vornehmen Hotel möglich ist, jemanden zu betrachten, ohne Neugierde. Eine Frau lächelte und senkte den Kopf. Ein Mann wandte sich mit abschätzig verzogenem Mund ab, ein anderer drehte schnell den Kopf, als bestrafe er diesen für seine Drehung.

Der Mann wußte, daß er etwas auslöste, immer. Und wie immer besah er sich nichts, sondern ging mit langen Schritten, die etwas Behäbiges hatten, durch die Gänge zwischen den Stühlen, ohne Eile, und die dicken Teppiche auf dem Boden machten seine Schritte lautlos.

Wenn die Gäste den Auftritt des Mannes hätten beschreiben sollen, so hätten sie ihn - verlegen bestimmt - vielleicht als "irgend etwas Ungewöhnliches" beschrieben. Der Mann setzte seinen Weg fort zu dem Aufgang des Hotels, wo die Lifts waren.

Er war schön. Er war von bewunderungswürdiger und beneidenswerter Schönheit. Sein schmales Gesicht besaß die weichen Konturen wie das einer Frau, die Augen waren schräggestellt und von intensivem Grau, wie man es selten sieht, die Nase klassisch gerade mit weichen, durchscheinenden Flügeln und der Mund perfekt. Seine Gesichtsfarbe schimmerte gelblich, und das Getönte verdunkelte seine Züge und machte sie geheimnisvoll. Er hatte dichtes Haar, mit grauen Fäden an den Seiten. Er war groß und schlank. Er hatte sich nie um sein Aussehen gekümmert. Nie hatte er etwas getan, das Perfekte zu erreichen oder es zu erhalten. Er hatte sich hingenommen. Fast war er sich gleichgültig. Er freute sich nicht über seine Schönheit, er dachte nie daran, auch wenn er sich im Spiegel besah, er war es gewohnt. Er haßte es nicht, wenn man ihm Komplimente machte, auch das war er gewohnt. Sie waren ihm gleichgültig. Manchmal, wenn jemand seine Schönheit pries, pflegte er, weil ihn dies verlegen machte, ein altes Photo seiner Mutter aus der Tasche zu ziehen und zu sagen: "Es ist ihre Schönheit. Ich habe sie nur übernommen."

Die Frau war perfekt, wie er. Man konnte es gut auf dem zerknitterten Photo erkennen. Auf sie war der Mann stolz. Für sich kannte er keinen Stolz. Indem er seine Schönheit als selbstverständlich sah, setzte er sie nie ein, aus Berechnung oder kokettierte mit ihr. Er hatte nie jemanden oder etwas gewonnen unter Einsatz seiner Schönheit. Es war so, daß er sie vergaß. Es war nicht allein die Schönheit, die ihn auffallend machte, und spürbar, ohne daß er einen anrührte.

"Ich spüre dich, lange bevor ich dich sehe", hatte Esther gesagt, am Anfang.

"Was meinst du damit?"

"Es ist nicht leicht zu erklären, es ist wie ein Windhauch,

der an einem haften bleibt. Man hat plötzlich eine Ahnung, daß etwas Angenehmes auf einen zukommt. Wie ein schönes Lächeln. Aber du lächelst nur selten. Vielleicht sind es deine Augen, vielleicht dein hübsches Aussehen, wer weiß, welche Energien wir aussenden, die wir nicht beschreiben können."
Er war erstaunt gewesen, wie er es immer war über Dinge, die ohne Vernunft schienen.
Er war gesammelt und strebte nicht nach außen, mit vielen Fragezeichen. Er schien fertig, und das teilte sich wohl als besondere Kraft mit, aber er nahm sich nie die Zeit, darüber nachzudenken, und wenn andere es taten, machte es ihn allenfalls heiter. Er glaubte nicht, daß etwas Außergewöhnliches um ihn war. Er achtete darauf, die Dinge zu tun, die ihm wichtig waren. Vielleicht waren die Dinge außergewöhnlich.
"Ich bin ein zufriedener Mensch, nichts Besonderes", hatte er einmal jemandem gesagt, und es hatte ihn amüsiert, wie der andere höflich versucht hatte, seine Enttäuschung zu verbergen.
Er fuhr mit dem Lift ins 26. Stockwerk, holte an der Rezeption seinen Schlüssel und fuhr eine Etage höher, wo sein Zimmer war.
Es war ein luxuriöses Zimmer, in einem luxuriösen Hotel. Der Luxus steigerte sich in den letzten Stockwerken, wo es eine eigene Rezeption für die Gäste gab.
In der Eingangshalle des Hotels war man geblendet von Gold. Das Gold überzog die riesige Buddhastatue, überzog Möbel, Treppen und Leuchter. Das Gold setzte sich in den Zimmern fort. Über dem französischen Bett schwebte an ei-

ner goldfarbenen Decke ein weißer Baldachin, daneben stand eine Sitzgruppe aus Teakholz, das Bad war marmorgefliest und geräumig.

Das Bett war aufgeschlagen, auf dem Kopfkissen lagen eine Hibiskusblüte und ein Konfekt, an dem ein Papierschild hing mit der Aufschrift: "have a nice dream."
Aus dem Radio in der Bettkonsole kam leise Musik. Überrascht erkannte der Mann Mozart.
Alles war sehr vornehm, ganz im Sinne von Esther. Sie hatte das Hotel ausgewählt, zur Feier des besonderen Tages.

Es war ihren bescheidenen Verhältnissen nicht angemessen, aber er war gerührt gewesen von ihrer mädchenhaften Sentimentalität und hatte zugestimmt.
Sie hatte eine Schwäche für Eleganz, für das große Leben.
Früher, als er sich noch Gedanken um sie gemacht hatte und von dem Gedanken eines irgendwo vorhandenen Geheimnisses bei ihr fasziniert gewesen war, hatte er sich oft gefragt, warum sie ihn, den Braven, der nicht einmal seine eigene Schönheit sah, geheiratet hatte. Er hatte keine andere Antwort gefunden außer jener, daß es eine jugendliche Verliebtheit gewesen sein mußte, erhöht durch Hoffnungen, die er nicht hatte erfüllen können. Nun führten sie ein zahmes Leben, ganz gemütlich, ohne Aufregungen.
Er bedauerte es, daß sie das Hotel nicht sehen konnte, weil er ihre Freude nicht sehen konnte. Er liebte es, freudige Menschen zu sehen. Er bedauerte es nicht, alleine gefahren zu sein.
Er war am Morgen nach einem langen Flug in Bangkok angekommen. Er hatte nicht geschlafen. Er war wach gewesen in einem rasenden Himmelskörper, in zwölftausend Metern

Höhe, der ebenso hätte statisch sein können wie er schnell war, ebenso unbeweglich wie er beweglich war. Obwohl die Nacht schwarz an den Fenstern gestanden war, hatte er das Land darunter sehen können, in Gedanken. Die Weite Rußlands, die Berge Afghanistans, die großen indischen Städte. Es hatte Faszination, sich wieder allein zu fühlen. In den letzten zwanzig Jahren war er nie allein gewesen. Früher, als er jung gewesen war, hatte er einige bescheidene, kleinere Reisen unternommen und sich dabei gut gefühlt. Nun hatte er wieder dieses Wohlgefühl, das gewachsen war mit jedem Kilometer.

Als die Stadt ihn am Morgen während der Fahrt vom Flughafen zum Hotel mit Lärm, fremden Gerüchen, unverständlichen Lauten, fremdartigen Gesichtern tosend empfangen hatte, hatte er das Glücksgefühl gespürt, heimgekehrt zu sein, in Fremde und in Alleinsein. Er fühlte sich heimischer und fremder denn je, der Fremdheit zugehörig. Sie war ein Teil von ihm, ein schweigender Teil. Ein wenig erstaunte es ihn, wie wohl er sich mit diesem Teil fühlen konnte, wie wunderbar ihm das Fremde war, ihm, der das Vertraute so sehr geliebt hatte, daß er nicht mehr gewußt hatte, daß es nicht das einzige war, das er lieben konnte.

Sein Blick fiel auf ein Heft, auf dem der Name Siam stand. Der Name aus den alten Zeiten, aus den Büchern über Ferne, Abenteuer, und Fremde, die er in der Jugend gelesen hatte. Er hatte nun wieder etwas Jugendliches. Er lächelte; er würde es Siam nennen, wie es in den Büchern stand, die er manchmal durchblätterte, wie er seine Jugend durchblätterte, mit Wehmut.

Er kannte das Fremde aus den Büchern gut. Er war überall

hingereist, in Gedanken, allein. Es hatte ihn zufrieden gemacht. Er hatte geglaubt, die Gedanken genügten, die kleinen Träume, wie Girlanden für den Alltag. Nun war er zum ersten Mal um die halbe Welt gereist. Nicht in Gedanken. Wirklich. Und allein.
Die Reise hatte ihn befriedigt. Aber es war keine gewohnte Zufriedenheit, mit der man sich zurücklehnen konnte und darauf eine gemütliche Zigarre rauchen konnte, der Zufriedenheit nachrauchend. Nein, eine neugierige Zufriedenheit war es, eine, die mehr wollte. Sie hatte etwas von Gier, wie er verblüfft feststellte. Hätte man ihn vor dieser Reise gefragt, ob er gierig sei, in irgendeiner Weise, hätte er ironisch verneint und sich einem anderen Thema, das ihn wirklich betraf, zugewandt.
Er schob die Vorhänge beiseite und sah auf die Stadt, die mit hellen Punkten im Dunst leuchtete. Der Fluß schob sich breit und träge an den Horizont. Ein Schlepper zog einen breiten Lastkahn, der schwer wie ein Krokodil im Wasser lag. Um ihn herum huschten kleine, freche Boote. Hölzerne Langboote mit ihrem langem Quirl, der ins Wasser getaucht war, zogen wie Raupen, bedeutungsschwer, über den Fluß. Alles Leben schien sich auf diesem Wasser zu sammeln, diesem braunen, schmutzigen Wasser mit seinen Algenteppichen. Es schien, als genüge es, den Fluß zu betrachten und das, was sich auf ihm tat, und man könne das Wesentliche erfahren, von diesem Leben hier.
Der Beobachter erfuhr etwas von der Unbekümmertheit der Menschen, wenn er das Durcheinander von kleinen Booten und Schiffen auf dem Fluß sah.
Mit der Zeit entdeckte er, daß sie nur einem Prinzip zu fol-

gen scheinen, nämlich dem der heiteren Rücksicht. Große Schiffe wichen kleinen Booten aus, und es schien, als vergäben sie sich nichts dabei. Man konnte auch etwas von Schönheit erfahren, wenn man die reichverzierten Holzbarken sah, die mit Blumen geschmückt waren und die schlanken Boote, an denen Kränze aus geflochtenen Blüten hingen.
Von hier oben hatte man den Überblick, dachte Roos, von diesem Zimmer hatte man den größtmöglichsten Überblick. Man konnte alles übersehen und selbst nicht gesehen werden.
Wenn man wollte, konnte man den ganzen Tag an diesem Fenster stehen und das Leben der Menschen beobachten, das sich auf dem Wasser abspielte, man würde ungefragt an ihrem Leben teilhaben, an ihrem Alltag.
Roos entschied, daß es unmoralisch sei, dieses gottähnliche von oben nach unten sehen, wenn man nur ein einfacher Mensch ist.
Da unten zu sein, ja, das ist legitim, man ist einer von unten und begegnet den anderen auf gleicher Höhe. Doch hier konnte man sie alle sehen, übersehen, lange, ohne einen anderen Zweck, als den des Beobachtens und der Neugierde.
Er hatte nie ein Fernglas besessen. Es hatte für ihn etwas Taktloses.
Er fühlte sich nicht müde, obwohl die Zeit vorausgeeilt war. Er wollte nicht schlafen, sondern mit der neuen Zeit gehen.

Es klopfte. Ein junger Mann, trug auf einem Tablett einen Drink, der mit Blüten und Früchten verziert war. Er stellte das Glas auf den kleinen Tisch in der Ecke.

"Ich bin Surinawa, Ihr Butler, Sir. Ich dachte, ein Drink würde Sie jetzt erfrischen."
Er überreichte dem Mann eine Visitenkarte und bot sich für alle Dienste an. Roos murmelte ein Danke, und der Butler entfernte sich unter Verbeugungen.
Wider Erwarten gefiel ihm der Gedanke, daß er bedient und verwöhnt würde.
Der Mann setzte sich in den kleinen Sessel neben den Tisch und versuchte den Drink und schmeckte den Limettensaft, der ihn erfrischte und den Rum, der ihn leicht machte.
Dann hatte er Lust auf eine Dusche, um Europa fortzuspülen. Asien empfing er mit einem Eau de Toilette aus dem Bastkorb im Bad. Er fand, es rieche asiatisch, und er lächelte, als er sich vergeblich erklären wollte, warum ein Duft asiatisch röche. Er hüllte sich in den weißen Bademantel, streckte sich auf dem Bett in King Size Größe aus und genoß das behagliche Gefühl, das Bett für sich alleine zu haben, und nach einer Weile holte ihn die Müdigkeit des entgangenen Schlafes ein.
Er mußte einige Stunden geschlafen haben, denn als er erwachte, sah er, wie draußen die Nacht über die Stadt herfiel, von einer Minute zur anderen, und wie sich Lichter auf dem Fluß tummelten und der Fluß silbern und kostbar wurde.
Er hatte nun Lust, sich der Stadt zu überantworten, sie zu riechen, zu schmecken und zu hören und ein hingeworfener Ball Mensch zu sein, den die Stadt mit sich fortträgt.
Als er angezogen war, spürte er, daß er hungrig war und dachte daran, einen Tisch im Restaurant des Hotels zu reservieren, verwarf es dann aber wieder und entschied sich für die Stadt, der er zutraute, daß sie ein gutes Abendessen

für ihn bereithielt.
Auf der Straße war er von schwerer, heißer Luft umgeben und von Menschen, die anscheinend ein Ziel hatten.
Er dachte, er überließe sich gern einem der Ziele.
Im Gewirr der Taxen und Busse und aller Arten von zwei-, drei- und vierrädrigen Gefährten, die sich vor dem Hotel drängten und Menschen, die sich wie Slalomfahrer um die Wagen schlängelten und inmitten des Jahrmarkts der Verkaufsbuden an den Straßenrändern, kam von irgendwo ein Rufen und Winken, das ihm galt. Jemand rief ihm etwas zu, ein magerer kleiner Mann, der auf eines der offenen dreirädrigen Fahrzeugen wies, die in einer Reihe nahe der Bootsanlegestelle parkten. Er verstand, daß der Mann ein Ziel nannte, aber es kümmerte Roos nicht, daß er den Namen nicht verstand. Lächelnd nahm er auf dem Rücksitz Platz und war neugierig, wohin man ihn bringen würde. Zu Hause überließ er sich nicht gerne jemandem, und er kannte seine Ziele.
Er wußte nicht, daß er einen Hang zum kleinen Abenteuer hatte.
Sie fuhren durch stinkende, verstopfte Straßen. Der Fahrer zwängte geschickt sein Tuk-Tuk durch die Lücken. Beleuchtete Höhlen flogen vorbei, in denen Menschen waren. Dann wieder blitzten vornehme Läden und Büros. Auf den schmalen Bürgersteigen waren Garküchen aufgebaut, die von Menschen umringt waren. Das Asiatische und die Fremdheit stürzten über ihn.
Der Mann gehörte nun diesen Massen in dieser Stadt, er war in ihnen aufgegangen, ein Teil von ihnen, äußerst unwichtig.

Der Mann freute sich über dieses Gefühl von Verlorenheit, es hatte großen Reiz, nach all den Gefühlen von Zugehörigkeit, Wichtigkeit, Vertrautheit und Verantwortlichkeit. Er war, man sagte es, ein guter Ehemann und Vater, er tat gute Arbeit als Prokurist in einem Büro, er leitete seit zehn Jahren den Kirchenchor, und man sagte, er sei ein Menschenfreund.
Aber hier war er jemand ohne Gesicht, ein Einzelner, Unbedeutender in einer bedeutenden Masse, und er genoß es.
Roos lachte, sein ansteckendes Lachen, und der Fahrer stimmte ein. Sein Lachen war selten, aber es brachte Menschen dazu, mit ihm zu lachen. Im übrigen liebte er es, mit Menschen zu lachen. Im übrigen liebte er Menschen, obwohl er es nicht gut zeigen konnte.
Dann stoppte das seltsame Gefährt, das sehr sauber war, chromblitzend und recht bequem. Links und rechts der Straße hatten Händler Stände mit Waren aufgebaut. Es war ein freundlicher Lärm von Rufen und Lachen, die Händler priesen laut ihre Schätze an.
Das Tuk-Tuk hielt vor einer Garküche, in der ein junger, kräftiger Mann in einer riesigen Pfanne Reis briet und diesen mit kleingeschnittenen, braungebratenen Schweinsfüßchen mischte. Der Fahrer rief dem Koch etwas zu und deutete auf seinen Fahrgast.
Bald saß Roos im Halbdunkel hinter der Garküche mit einem gefüllten Teller vor sich. Der Tisch war sauber und mit einer Papiertischdecke gedeckt, und der Boden war gefegt, als hätte der Besitzer des kleinen Restaurants inmitten von Schmutz und Staub all seinen Ehrgeiz in einen blankgefegten Boden gelegt. Es gefiel Roos, daß jemand für ein gutes

Abendessen sorgte. Er probierte das Essen und fand es wunderbar anders als das Gewohnte, scharf bis zur Schmerzgrenze und dann wieder unerwartet süß. Er bestellte eine gut gekühlte Coca Cola dazu. Einem Hund, der ihm um die Beine strich, gab er ein Stück von dem Fleisch. Der Mann hatte einen kleinen Ruheplatz inmitten der Raserei der Straße und des Menschenlärms. Aber es war kein Platz, sich zu besinnen. Er hatte das Gefühl, als veräußere er sich, als verliere er seinen Namen an ein namenloses Etwas, das ihn umgab. Er verlor seine Blicke an die bunten Waren, die auf niedrigen Ständen am Straßenrand aufgebaut waren, Stoffe und Kleider in leuchtendem Rot Blau und Grün und unbekannten Farben, die er nie gesehen hatte. Er verlor sein Gehör an die freundlich schwatzenden Menschen, die vorbeigingen.

Die Frauen waren zart und ihre Gesichter ebenmäßig, und zum ersten Male fühlte er seine eigene Schönheit wie ein Anfang und eine Idee zur wirklichen Schönheit. Überall gab es Stände mit Blumen; das Schöne war auch in den Auslagen der Restaurants, wo Speisen und Früchte kunstvoll ausgelegt und dekoriert waren. Roos hörte die Sprache, die er nicht verstand und betrachtete diese schöngeschwungene Schrift, die er nicht verstand, und das Unvertraute warf ihn ganz zum Anfang zurück, als er noch nicht mit vertrauten Dingen sein Leben eingerichtet hatte. Es gab ihm wieder Unbekümmertheit, die Lust herumzustolzieren, ohne Angst, ohne Überlegung, zu gehen und sich fallenzulassen.

Jemand sprach ihn an. Es war sein freundlicher Chauffeur. Er hatte auf ihn gewartet. Der Mann hatte es nicht bemerkt. Wie hätte er ihn bemerken können, wenn er sich selbst nicht bemerkt hatte, sondern ganz hingegeben war? Der Mann wollte ihn zum Hotel zurückbringen. Der Name des Hotels, war das einzige, das Roos verstand. Er sprach nicht gut Englisch, er kannte nur dieses alte Schulenglisch, und der Chauffeur nur seine singende Thai-Sprache. Roos schüttelte den Kopf und deutete auf seinen Tisch. Der Chauffeur nickte und lehnte sich wieder abwartend in seine Rikscha zurück.

Roos wußte nicht, wie lange er so gesessen hatte, die Zeit flog an ihm vorbei wie dieses rasende Leben um ihn. Er winkte dem Fahrer, nachdem der Besitzer der Garküche ihm freundlich zu verstehen gegeben hatte, daß er nun schließen müsse. In seiner ersten Nacht träumte Roos nicht; er würde auch in den folgenden Nächten ohne Traum sein.

An einem Tag ging Roos hinunter zum Fluß. Nun schien ihm das Beobachten legitim, denn er war mit dem Fluß und den Menschen auf gleicher Höhe.

Immer wieder überquerten überfüllte Fähren das Wasser. Schnelle Ausflugsboote schossen über die grauen Wellen und hinterließen die fröhlichen Rufe der Ausflügler. Frauen in kleinen kanuartigen Booten bereiteten darin auf Kochern Mahlzeiten und reichten sie den Vorüberfahrenden. Geschickt reichten sie das Essen den Kunden übers Wasser, und warteten geduldig auf die Rückgabe des Geschirrs, das sie in Eimern mit frischem Wasser reinigten. Manche der Frauen boten Früchte an oder Getränke.

Jeden Tag ging Roos zum Fluß. Er liebte es, den sanften Rhythmus des Wassers zu spüren. Manchmal bestieg er eine der Fähren und ließ sich ans andere Ufer bringen. Er liebte es, die kleineren Fähren zu nehmen mit den Bänken aus

Teakholz, die blankpoliert waren.
An einem Abend befahl er dem Rikschafahrer, der wie jeden Abend auf ihn gewartet hatte, ihn zu der Garküche vom ersten Abend zu bringen, wo er die mit Reis vermischten Schweinsfüßchen essen würde. Der Koch erinnerte sich an ihn und grüßte, mit beiden Hänmden winkend, und führte Roos zu dem Tisch, den er beim letzten Mal hatte. Wiederum trank Roos eiskalte Cola dazu, und dem Hund, der um seine Beine strich, gab er ein Stück Schweinefuß.
Roos spürte plötzlich, daß man ihn beobachtete. Da er das Gefühl, beobachtet zu werden, gut kannte, interessierte es ihn nicht sonderlich. Er sah den Beobachter nicht an.
Jemand kam an seinen Tisch. Es war ein junger Mann mit halblangen blonden Haaren und einem braungebrannten Gesicht. Über Jeans trug er ein weitgeschnittenes Hemd, das nicht zugeknöpft war, und aus dessen Brustöffnung ein silberne Kette baumelte.
"Sie sind zum ersten Mal in Bangkok, und Sie sind fasziniert", stellte der Blonde fest.
"Ja."
Es klang abweisender als Roos es gewünscht hatte. Er wünschte keine Unterhaltung.
Im Augenwinkel sah er, wie der Blonde den Kopf senkte, und das Lächeln verschwand, während er sich seinem Essen widmete.
Irgendwann stand Roos auf und winkte seinem Chauffeur.
"Im übrigen", rief der Blonde und wiederum lächelte er, "vergessen Sie die Tempel. Gehen Sie in die Klongs."
Roos sah den Fremden an, dachte flüchtig, dieser sei wohl ein wenig verrückt, zumindest seltsam, und vergaß ihn dann

vollständig.

Er bezahlte und reihte sich in die Massen von zwitschernden, lachenden, neugierigen Menschen ein, die durch die Straße zogen, so zielstrebig, als gäbe es an ihrem Ende das schönste Feuerwerk ihres Lebens. Auch der Mann spürte etwas davon, etwas das ihn mitzog, irgendwohin zu etwas Wunderbarem. Auch das war neu für ihn, wie die Gier, aber wenn er ehrlich war, spürte er, daß etwas geweckt wurde, das lange schweigend war. Er nannte es fürs erste, ironisch, die Faszination Freiheit.

Immer war er zufrieden gewesen, hatte besessen, was vorzeigbar war, nicht anderen, sich selbst vorzeigbar. Sein Kreis war geschlossen. Alles war durchdacht und geplant; kein Wunsch daraus auszubrechen. Ein Tag auf den anderen, die Tage hatten Namen, Uhrzeiten, das Leben, Schritt für Schritt. Nun schien es, als schlüge das Leben Purzelbäume, als überspringe es Zeiten und Namen, als kümmere es sich nicht um Normen. Wann war er angekommen? Heute oder vor Tagen? Die Aufregung war neu, das Wohlfühlen im Fremden schien eine lange Tradition für ihn zu haben.

Er schlief lange am nächsten Morgen, und nachdem er einen Snack zu sich genommen hatte, traf er den Rikschafahrer vor dem Hotel und bedeutete ihm, ihn irgendwohin zu fahren.

Unterwegs sah er einen in orangefarbenes Tuch gekleideten Mönch, der von Passanten Speisen entgegennahm, die er in seinen Topf tat. Es waren die Spender, die sich mit dem Gruß der gefalteten Hände bedankten, während der Mönch ernst und würdig seines Weg ging.

Roos gefiel dieses Bild von Demut und Stille. Er ließ anhalten und schickte den Fahrer weg. Eine Zeitlang beobachtete Roos den Kahlgeschorenen; es war noch ein junger Mann, fast noch ein Kind. Roos gefiel die Ehrerbietung, die man dem Mönch entgegenbrachte. Irgendwann verlor er den Mönch aus den Augen.

Er wanderte weiter in der stickigen Luft, schwer von Abgasen, in dem infernalischen Lärm, aber er konnte freier atmen als zuvor, er konnte die leisesten Schwingungen hören. Er fühlte, wie seine Schritte leicht wurden, als wäre er Gulliver und ginge über Menschen und Landschaften. Ein wenig war er wie ein Riese, ein schöner, großer Europäer neben den zierlichen Asiaten.

Er kam in eine Straße, wo Händler die farbigsten Stoffe auf Tischen an der Straße ausgebreitet hatten. Eine seltsame Stille lag über der Straße.

Roos erkannte bald, daß er in die Straße der Taubstummen gekommen war. Als er näherkam, sah er die Händler fröhlich gestikulieren. Es war wie ein Schattenspiel der Wirklichkeit, und so paßte es in die Unwirklichkeit, die er nun fühlte. Er wanderte weiter und ließ alles auf sich einströmen und war leicht und glücklich dabei.

An einem Abend kam er, nachdem er lange Zeit gewandert war, durch Straßen, die keinen Namen hatten und voll fremden Lebens waren.

Über dem Viertel lag dröhnende Musik, die aus Höhlen kam, die sich zur Straße öffneten. An den Höhlen wälzten sich Menschenströme vorbei, und auf den erhöhten Bühnen der offenen Bars tanzten schöne schlanke Mädchen. Sie tänzelten um Männer, die an den Bartheken lehnten. Neonreklamen zuckten in den unschuldigen Nachthimmel. In der Mitte der Straße waren Verkaufsbuden aufgebaut. Man verkaufte hier Liebe und Tand, und beides geschah mit sehr viel Lächeln. Bar-Schlepper lockten Roos zu einem Besuch, und Mädchen winkten ihm zu. Er dachte, warum nicht? Ein Bursche dirigierte ihn in eine Bar am Ende der Straße, die "Pink Panther" hieß. Er mußte eine schwarze, enge Holztreppe hinaufsteigen und stand plötzlich in einem niedrigen dunklen Raum, in dessen Mitte eine kleine von unten beleuchtete Bühne blitzte. Als seine Augen sich gewöhnt hatten, erkannte der Mann kleine Sitzgruppen, in denen wenige Gäste saßen. Es war noch früh am Abend. Auf der kleinen Bühne tanzten Mädchen, leichtbekleidet, mit langsamen Bewegungen, als absolvierten sie Übungen für einen großen Auftritt.

Der Mann setzte sich an einen der Tische. Sofort war er von Mädchen umringt. Worte wie Vogelgezwitscher. Sie lächelten, fragten, deuteten mit den Händen. Schnell erkannte er, daß sie ihm zeigten, welche Tänze ihn erwarteten. Sie machten obszöne Bewegungen. Sie lächelten dabei, waren grazil, freundlich. Er lachte und bestellte ein Bier. Zwei der Mädchen begannen seine Hände zu massieren, ein drittes seinen Nacken.

Er dachte nicht daran, daß es Huren waren. Sie waren zart, hübsch, mit kleinen Kindergesichtern nund streichelten ihn sanft. Ein Mädchen saß dicht neben ihm, und Roos konnte seine Wärme und Zartheit fühlen. Es bewegte sich nicht. Manchmal streichelte es seine Hand. Obwohl er aufmerksam war, wie sich die Mädchen gebärdeten, achtete er am meisten auf die Hand des Mädchens. Sie strich über seinen

Rücken und blieb dort liegen, bewegungslos.

Auf der Bühne begann die Show. Der Mann hatte nicht bemerkt, daß sich der Raum gefüllt hatte. Er gab den Mädchen ein Trinkgeld. Sie flatterten an einen anderen Tisch. Er lächelte ihnen nach. Die Hand blieb. Er hatte nicht gewußt, daß ihn das Sanfte berühren könne.
Die Mädchen auf der Bühne entkleideten sich tanzend, aber ihre nackten, schmalen Körper schienen ihm unschuldiger als zuvor. Er sah in die Gesichter um sich herum und erkannte eine Gier. Es hatte nichts mit der Gier zu tun, die er selbst spürte.
Das Mädchen hielt den Kopf gesenkt, als interessiere es nichts so sehr als seine Hand auf dem Rücken des fremden Mannes. Er hob den Kopf des Mädchens, die Hand löste sich im gleichen Augenblick, und es sah ihn ernst an. Inmitten der Heiterkeit machte ihn dieser Ernst betroffen.
"Wie heißt du?"
"Gai."
Sie saß neben ihm wie ein Kind. Er erschrak bei dem Gedanken, daß sie noch ein Kind sein könne. Sie ging daran, das Oberteil aufzuknöpfen. Er schüttelte den Kopf. Er stand auf, zahlte und ging fort.
Er stürmte in die Unvertrautheit der Straße, und sie ließ es nicht zu, daß er an ein ernstes Mädchen mit dem fremdartigen Namen Gai dachte. Er nahm eine Rikscha zurück ins Hotel.
Er war nicht müde und suchte die Bar auf, wo er einen Scotch nahm. Danach probierte er aus Spaß einen Mekhong-Whisky, der süß war, aber es amüsierte ihn, einen

süßen Whisky zu trinken, der wie Likör schmeckte.
Eine Band mit einer sehr schönen Sängerin spielte alte amerikanische Blues-Stücke. Es amüsierte ihn, wie leicht der schwere schwarze Blues sein konntem, wenn eines dieser Mädchen ihn sang.
Roos hatte von Anfang an ein stetes Gefühl der Heiterkeit in dieser Stadt, eine unwirkliche Schwerelosigkeit. Er entdeckte das Lächelns.
Schöne Mädchen servierten in der Bar, die fast völlig dunkel war, und wenn sie an einem der Tische bedienten, knieten sie davor und verrichteten ihre Arbeit mit anmutigen Bewegungen. Hinter dem Bartresen, gaben die Barkeeper gerade eine Show, indem sie Flaschen und Gläser jonglierten und sich gegenseitig zuwarfen. Sie lachten dabei und schienen sich ebenso zu amüsieren wie ihr Publikum.
Sie hatten nichts von dem Tragisch-Traurigen, das Barkeeper in Europa haben - aber, dachte der Mann, wie kann gerade ich beurteilen, welche Eigenschaften Barkeeper besitzen, hier oder anderswo? Roos gefiel die Fröhlichkeit der jungen Männer. Als sie ihm ein Glas zuwarfen, fing er es geschickt auf.
An einem kleinen Tisch, im hinteren Dunkel der Bar, saß der Blonde. Wiederum lächelte er Roos zu. Er stand auf und setzte sich neben Roos auf einen Barhocker.
"Ich heiße Sattmann", sagte der Blonde, "aus Hamburg. Sie müssen sich inzwischen von mir gestört fühlen. An der Garküche und jetzt im Hotel. Ich dachte, Sie hätten mich erkannt. Ich wohne hier. Ich war auch im selben Flugzeug."
Ja, dachte Roos, gesehen werden und nicht selber sehen, das alte Thema.

"Mein Name ist Roos. Es tut mir leid, ich habe Sie nicht erkannt. Trinken Sie ein Glas Mekhong-Whisky mit mir."
"Ich schlage vor, wir nehmen zwei Scotch. Das andere ist nur vorübergehendes Amüsement, nicht wahr?"
Roos nickte.
Sie tranken ihre Gläser leer.
"Herzhaft und wahr. Im Grunde ist ein Whisky nichts zum Amüsieren, es ist eine klare, scharfe Sache für den Verstand", sagte Sattmann.
"Bestätigen wir es," sagte Roos, dem es gefiel, daß der andere geradewegs ausgetrunken hatte.
Sie bestellten zwei weitere Scotch. Roos sah den Mann an, der trank, wie man trinken mußte, wie es Roos gefiel. Der andere trug einen Anzug, der teuer aussah und eine farbige, sehr modische Krawatte. Diese auffallende Kleidung, die hier und an der Garküche so gar nicht passend schien, paßte zu dem Blonden, fand Roos. Das lange Haar des Mannes war gepflegt. Auf dem kräftigen braunen Gesicht des Mannes lag ein Lächeln. Das Lächeln wirkte ehrlich und teilnehmend und gutmütig. Es gefiel Roos. Manchmal wirkten Lächeln oberflächlich und nichtssagend.
Es gefiel ihm auch, daß der Mann nun neben ihm an der Bar saß und sich mit ihm in seiner Sprache unterhielt. Roos hatte nun Lust zu reden, inmitten der Fremde. Aber außer der vertrauten Sprache war nichts Vertrautes an diesem Mann mit den langen blonden Haaren. Er schien Roos außerordentlich fremd, und so paßte er in das Fremde hier.
Etwas Wildes und Unbehaustes war um den Mann, aber auch Entschlossenheit.
Roos hatte ein Talent zum Beobachten. Ihm fiel auf, daß die

Augen des Mannes, während er sprach, in gelassener Festigkeit auf dem Gegenüber haften blieben, während der Mund unruhig war. Die Mundwinkel zogen sich nach unten, nachdem der Mann gesprochen hatte, als zögen sie alles Gesagte in Zweifel und Resignation, als strafe der Mund die Geradlinigkeit der Augen.
Es war ein seltsames Spiel in diesem Gesicht. Es wirkte jung, aber als es sich einmal aus dem dichten Haar schälte, sah man, daß es reif war, herb und mit tiefen Faltentälern. Der Mann mochte Ende Dreißig sein.
"Seltsam", sagte Roos, "ich habe das Gefühl, daß Sie nirgendwo hinpassen, wo ich Sie gesehen habe, hierher nicht und nicht nach Patpong."
"Wer kann schon von sich sagen, das Passende für sich gefunden zu haben. Man ist immer auf der Suche. Aber Sie haben recht", entgegnete der andere, "ich gehe nicht dahin, aus Gründen aus denen man gemeinhin hier- und dahin geht. Ich habe Verpflichtungen."
"Das klingt wie ein Geheimnis", sagte Roos lächelnd.
"Nun", erwiderte Sattmann, "es ist Geschäft, nichts Besonderes. Sie sind allein in Bangkok?"
"Ja", antwortete Ross, "eine verunglückte Hochzeitsreise. Meine Frau wurde krank und konnte nicht mitkommen."
"Ich hoffe, Ihre Frau ist nicht ernstlich krank. Konnten Sie nicht absagen?"
"Nein", antwortete Roos, "sie brach sich den Fuß, als sie eine Treppenstufe übersah. Es geschah einen Tag vor der Abreise. Sie drängte mich, alleine zu fahren."
Er erzählte es ihm, weil der andere nicht wirklich daran interessiert schien, nur höflich gewesen war.

Sattmann wirkte abwesend.
"Ich werde trotzdem die Tempel besuchen", sagte Roos unvermittelt.
"Sie werden zum Wat Phra Keo und zum Wat Arun fahren", antwortete der andere. "Sie werden den Wat Arun am frühen Morgen sehen, wenn die Porzellanplättchen in der Sonne funkeln. Das machen alle Touristen. Man wird es Ihnen anbieten. Aber sie werden es vergessen, wenn Sie in den Klongs von Thonburi waren. Das ist wahrhaftig."
"Ich möchte beides sehen", sagte Ross.
Sattmann war nachdenklich geworden, er hielt den Kopf gesenkt. Als für einen Augenblick das schwache Licht einer Barlampe auf sein Profil fiel, konnte man das Faltenmeer seiner Haut sehen, und er wirkte sehr alt.
"Ich bin müde", sagte er. "Ich wünsche Ihnen eine gute Nacht."
Er glitt vom Barhocker und ging davon, ohne Roos noch einmal angesehen zu haben. Roos erstaunte dieser schnörkellose Abschied, aber er paßte zu diesem seltsamen Mann. Nachdem Roos bezahlt hatte, ging auch er auf sein Zimmer. Er schlief sofort ein und hatte keine Träume.
Die Touristenführer warteten vor dem Hotel und winkten. Roos nahm ein Taxi und ließ sich zum Königspalast mit der berühmten Tempelanlage fahren. Der Glanz des Goldes, die Schönheit der Tempel, das Funkeln der Mosaiken berührten ihn nicht sehr. Bauten, mächtig, eindrucksvoll, die von schwitzenden, gierigen Touristen umzingelt wurden, waren tote Symbole. Die Gier in den Augen der Touristen war nicht seine Gier. Sie wollten etwas mitnehmen, einen Eindruck, eine Erinnerung. Er wollte das fremde Leben hier

spüren und nichts davon mitnehmen in sein anderes Leben.
Er wanderte durch die Seitenstraßen, die an die Tempelanlage anschlossen. Er kam an einem Markt vorbei, wo es Berge von Ananas, Papayas, Mangos und Kiwis gab und Berge von Blumen, hinter denen sich zarte Gesichter versteckten. Dazwischen gab es die Garküchen. Überall zischte und brutzelte es, und die schönsten Gerüche stiegen ihm in die Nase. Hier gab es keine Touristen. Er fühlte sich ganz zufrieden.
Er setzte sich an einen der kleinen Tische und bestellte Hühnersuppe. Sie war heiß und scharf. Jemand setzte sich an seinen Tisch. Ein alter Mann, der schnell und schlürfend seine Suppe aß. Neben ihm saß ein würdiger kleiner Hund. Er saß gerade und aufmerksam und zeigte, daß es nicht der Ort war zu betteln. Der alte Mann teilte das letzte Fleischstückchen, das in der Suppe schwamm, mit dem Tier. Der Mann und der Hund waren mager und abgerissen. Roos bestellte eine zweite Suppe. Er deutete darauf, der alte Mann lächelte. Roos bestellte auch eine Suppe für den Mann. Der alte Mann stand auf und machte den Wai mit den alten, dürren zusammengefalteten Händen vor der Brust. Roos nickte mit Respekt. Nun teilte der alte Mann wiederum mit dem Tier. Das geschah schweigend und hatte Worte. Als der alte Mann sein Essen beendet hatte, erhob er sich und legte eine kleine Buddhafigur auf den Tisch. Dann grüßte er und ging davon, und der Hund folgte ihm.
Die Figur war aus Gips und schmutzig. Der Buddha hatte einen dicken Bauch und ein fettes Gesicht und lachte breit. Seine langen Ohren lagen auf den runden Schultern wie Hasenlöffel, und Roos hatte nie etwas Häßlicheres gesehen,

das so voller Freude war. Roos stand auf und kaufte sich am gegenüberliegenden Blumenstand einen Arm voller Blumen und später, in seinem Zimmer, breitete er die Blumen auf seinem Bett aus und stellte den häßlichen Buddha voller Liebenswürdigkeit in die Mitte der Blumen und betrachtete alles lange.

Als er erwachte, vielleicht nach einer Stunde, inmitten des Blumenmeeres, dachte er, daß es wunderbarer Kitsch war, dieses Bild mit den Blumen und dem Buddha, aber er dachte nicht mit Ironie darüber, und er schämte sich auch nicht dafür, auch nicht vor sich selbst.

Am anderen Tag fuhr er in ein Kaufhaus am Siam Square. An den Busstops davor hingen Menschenbündel. Im Kaufhaus wälzten sich Menschenströme über Treppen und Gänge. Auf Plakaten las er, daß ein Ausverkauf veranstaltet wurde. In Hunderten von kleinen Läden, Nischen lagen Waren zuhauf. Er ließ sich daran vorbeitreiben. Er dachte nicht daran zu kaufen, sondern genoß es, dabeizusein bei diesem durchsichtigen Spiel der Oberflächlichkeit. Geben und nehmen, einfach und aufregend.

Man wurde leicht, wenn man von Menschen fortgetragen wurde. Er genoß es, gedankenlos zu sein. Aus den Läden, wo westliche Waren ausgebreitet waren, dröhnte Popmusik aus Transistorradios. Sie konnte nicht das Glockensingen der Thaisängerinnen überlagern, das aus den großen Lautsprechern an der Decke kam.

Er verließ das Kaufhaus und schlenderte wieder durch Straßen. Er spürte, daß er dies am meisten liebte, das ziellose Umherwandern durch Lärm, unter den Menschen, in dieser Fremde, die nichts Vertrautes hatte. Seine Gier betraf

das Alleinsein unter anderen.
Am Abend traf er den Mann in der Bar wieder. Er war in Gesellschaft und nickte ihm nur kurz zu, als er ihn sah. Roos trank einen Scotch und ging auf sein Zimmer. Er war froh, nicht sprechen zu müssen, an diesem Abend.
Am nächsten Morgen stand er früh auf und betrat den Frühstücksraum, wo Kellner noch mit dem Anrichten des Buffets beschäftigt waren. Es war kurz nach sechs Uhr, und man traute Touristen nicht zu, früh aufzustehen. Er bekam einen starken Kaffee und ließ sich zwei Croissants bringen. Vor dem Eingang des Hotels stoppte er ein Taxi und ließ sich zu einer Bootsanlegestelle fahren, von wo er ein Langboot zum Wat Arun nahm. Der Phrang des Tempels rührte an den tiefen Himmel wie ein aufmüpfiger Finger. Stolz erhob er sich mit Farben und Glitzern der Porzellan-Mosaiken über das Grau des Flusses. Roos zahlte den Bootsführer. Der Tempel lag schwer und einsam da. Ross sah, daß der Tempelbereich noch verschlossen war. Er bedauerte es nicht, die Treppen nicht erstiegen und die Stadt so übersehen zu haben. Er bewunderte das Bauwerk, aber es war etwas von Pflichtschuld in dieser Bewunderung.
Er schlenderte durch die angrenzenden kleinen Straßen, wo man langsam Garküchen aufbaute, langsam die Arbeit begann in den dunklen Höhlen der Häuser. Er setzte sich auf den hohen Straßenrand und sah einem Mann zu, der im Schein einer kleinen Lampe Schuhe reparierte. Der Mann nickte ihm zu, es war keine Neugierde darin, ein freundliches Nicken für einen Fremden, der entweder müde war, oder nur Interesse für die Arbeit zeigte. Eine Frau kam dazu und grüßte ebenfalls.

Der Mann war geschickt in seiner Arbeit. Er spannte den Schuh über den Amboß und hieb kleine Nägel sorgfältig in die Sohle. Die Frau nahm an einer alten Nähmaschine im hinteren Raum Platz. Es war eine alte schwarze Singer-Nähmaschine, deren Rad die Frau immer wieder antrieb. Rosa Seide flitzte durch ihre Finger. Sie drehte und wendete den Stoff, und das schnelle Rattern der Nähnadel war ein gemütliches Morgenlied. Es war so hell und freundlich wie der Tag, der über die Stadt kroch. Roos betrachtete das Bild des arbeitenden Ehepaars, und er hatte selten etwas gesehen, das soviel Sinn machte und diesen Frieden gab.

Manchmal nahm der Schuster einen Schluck aus der Bierflasche. Nachdem er getrunken hatte, reichte er die Flasche an die Frau weiter.

Mit dem Tag kam die Hitze wie eine riesige Welle. Die Frau winkte Roos zu. Er betrat das Haus, in dem es kühler war. Die Frau brachte ihm eine Flasche, die kalt und beschlagen war. Er hob die Flasche, nickte den beiden zu und nahm einen langen Schluck. Der Mann und die Frau lachten.

Als er davonging, glaubte er nicht, daß der Mann und die Frau über ihn sprachen, als einer jener seltsamen Touristen, die am frühen Morgen in der Stadt umhergespensterten. Sie hatten einem Fremden zu trinken gegeben, das war selbstverständlich. Er glaubte auch, daß sie überhaupt wenig miteinander sprachen, während sie ihre Arbeit taten, und daß das Zusammenarbeiten mehr war als törichte Worte.

An einem Obststand nahm er eine Schale mit Scheiben von Pomelos, die ihn erfrischten. Er ging hinunter zum Menam und sah auf die Reihe der großen Hotels. Er dachte daran, daß er nie zuvor in Hotels gewohnt hatte, in Hotels wie die-

sen. Es gefiel ihm, in dem vornehmen Hotel zu wohnen, es angenehm zu haben, er hatte nie Dinge getan, mit dem Ziel, es angenehm zu haben. Man tat etwas, weil es eine Pflicht war, man einen Vorteil hatte oder es jemandem nützen konnte. Bequemlichkeit war wie eine Sünde.
Aber nun genoß er das Bequeme und seine Ziellosigkeit. Er sah noch eine Zeitlang auf den Menam, dessen graue Wasser müde an die Kaimauern schlugen. Wie ein Kranker, der mühsam die Hand hebt. Der Fluß war krank von den Abfällen, die man arglos in ihn warf.
Roos nahm eines der Langboote, die in der Nähe auf dem Wasser dümpelten und fuhr auf die andere Flußseite. Er kam an einem Geschäftszentrum vorbei, wo gerade eine Antiquitätenauktion stattfand. Man versteigerte alte, wertvoll geschnitzte Teakmöbel und chinesische Vasen. Roos sah, daß die meisten Käufer Europäer und Amerikaner waren. Das Bieten ging schnell; man konnte die Kauflust und die Überheblichkeit des Reichtums in ihren Augen sehen. Es hatte nichts mit ihm zu tun.
Er trat auf die Straße und freute sich an dem Menschengetümmel, das um die Bootsanlegestelle war. Die Menschen strömten zu den Fähren, die sie auf die andere Flußseite brachten. Es ging gelassen und heiter zu und niemand drängte. Als führen sie statt zur Arbeit zu einem Ausflug und hätten alle Zeit der Welt. Man schwatzte und lachte, nahm noch eine Süßigkeit oder Obst von einer der Stände, bevor man die Fähre bestieg. Ihre Heiterkeit machte Roos heiter, und er lächelte, er lächelte hier so oft.
Die Eingangshalle des Hotels war bevölkert von Menschen. Die Glastüren klapperten unaufhörlich, und die zwei Emp-

fangsdamen in ihren traditionellen Seidenkostümen begrüßten lächelnd die eintretenden Gäste, mal mit einem Nicken, mal mit dem traditionellen Gruß der gefalteten Hände. Roos dachte daran, sich im Schwimmbad abzukühlen.

Der Pool war groß, so daß man ungestört schwimmen konnte, und Roos genoß das kühle Wasser, tauchte darin unter, durchpflügte es mit ausholenden Schwimmbewegungen oder ließ sich bewegungslos treiben. Er wollte das Unbeschwerte auch seinem Körper zugute kommen lassen. Er schwamm eine Stunde und legte sich dann erschöpft auf eine Liege, die ein Boy mit einem weißen Frottierlaken bedeckt hatte. Man fragte ihn sofort nach einem Drink, und er nahm einen Singapore Sling, der sehr fruchtig schmeckte. Er genoß es, inmitten der Stadt wie auf einer tropischen Insel zu sein.

Der Garten rund um den Pool war groß und gepflegt. Die bequemen Liegen lagen unter Pflanzendächern, in Pflanzennischen, so daß man für sich war. Roos lag auf dem Rücken und sah den hohen Himmel und wunderte sich, daß er imstande war, einfache Dinge zu denken. Der Himmel war hoch und blau, und es genügte vollkommen, um zufrieden zu sein.

Eigentlich bin ich ein fauler Hund, dachte er. Ich bin nur pflichtbewußt, weil ich mich meiner Faulheit schäme. Ich hatte, dachte er weiter, alles hübsch beisammen, in meinem Leben, und jetzt diese Reise, diese Freiheit, alles scheint aus dem Leim zu gehen. Ich wußte nicht, daß ich so sein kann. Er bestellte einen weiteren Singapore Sling. Als der Kellner den Drink brachte, bat er ihn, an der Bar am Pool zu servieren. Er hatte Lust, auf den Steinsäulen am Oval der Bar Platz zu nehmen, die ins Wasser hineinragten und mit den Wellen zu schwanken schienen wie betrunkene Bargäste. Der herausragende Sockel war von der Sonne beschienen; es tat gut, das leichte Wasser um die Beine zu haben, während man trank. Roos sah sich um und durch Zufall nahm er die anderen Gäste wahr, die sich auf Liegen um den Pool gruppierten und dann vergaß er sie wieder.

Am Rand des Pools planschte ein vergessenes Kind. Ein träger Wind streichelte die Wasseroberfläche. Zwei junge Frauen lagen mit ölglänzenden Körpern auf den Liegen und reckten ihre Gesichter streng gegen die Sonne, als befehligten sie die Strahlen und das Braun, das sie so begehrten. Um den Kopf hatten sie weiße Frotteetücher. Man konnte fühlen, daß sie nicht gestört werden wollten. Es schien eine ernste Sache, das Bräunen. Manchmal sah eine der Frauen auf das Kind, ohne Interesse.

Ein alter, zerknitterter Mann mit wachen Augen blätterte in der "Bangkok News" und schickte in ihrem Schutz Blicke zu den Frauen, deren knappe Bikini-Oberteile wie ein lästiges, moralisches Etwas über den quellenden Brüsten lagen und jeden Augenblick vom Wind fortgetragen werden konnten. Der alte Mann sah immer wieder geduldig hin. Er war alt, und seine Chance lag in der Geduld.

Roos hörte neben sich ein fast ärgerliches Klatschen, als schlüge jemand auf das Wasser ein. Eine Frau schwamm mit kräftigen Bewegungen, als wolle sie jemanden besiegen. Sie steuerte einen der steinernen Barhocker an, als sei er ihr Besitz. Es hatte Entschlossenheit, wie sie darauf Platz nahm und das Holz der Bartheke ergriff.

Die Frau war schlank und muskulös, eine trainierte Muskulatur hatte sie. Sie war nicht mehr jung, und alles an ihr schien streng und hart. Roos fühlte es deutlich, nun, da er selber leicht war. Ihr Badedress war perfekt, schwarz und gold, mit kleinen goldenen Stoffrosen über der Brust. Das Gesicht war perfekt geschminkt mit Schminke, der Wasser nichts anhaben kann. Überhaupt hatte man das Gefühl, daß es nichts gab, das der Frau etwas anhaben könne. An den Fingern trug die Frau schwere, diamantenbesetzte Ringe, deren Strahlen wie Feuerblitze waren. Das Gesicht der Frau war breit, außerordentlich breit, ein ausladender Mund, weit auseinanderstehende Augen. Es hatte etwas Verwehtes, als kämpfe es ständig gegen einen Wind, der die Züge auseinanderzerrte.

Roos fiel auf, daß er die ganze Zeit die Frau gemustert hatte. Die Frau stieß ihn ab, aber er konnte den Blick nicht von ihr nehmen, da sie ihn in einem Maße abstieß, wie er es nie zuvor gespürt hatte. Er war ärgerlich, daß die Frau ihn irritieren konnte. Er rettete sich ins Wasser und schwamm mit kräftigen Bewegungen, und die Bewegungen waren verbissen wie jene der Frau. Er stieg aus dem Wasser und ging schnell, als flüchte er, ins Hotel.

In seinem Zimmer nahm er aus der Kühlschrank ein kleine Flasche Scotch und trank einen mächtigen Zug. Er dachte wieder an die Frau und daran, daß sie ihn irritiert hatte, weil sie war wie viele Frauen, die er kannte. Diese schönen ehrgeizigen Frauen, die er kannte, die Ehrgeiz und Selbstbewußtsein haben und Härte. Er hatte zu Hause nie daran gedacht, daß sie Härte und Strenge hätten. Sie hatten ihn nie gestört, nun störte ihn eine solche Frau hier in diesem lä-

chelnden Land.
Roos fuhr in das Viertel, in dem die roten Lampen in einen unschuldigen Himmel blinken. Es war später Nachmittag, und die Barhöhlen waren geschlossen. Die Verkaufsstände waren geöffnet und man drängte sich um die Waren. Er schlenderte daran vorbei, und als er zu einem Stand mit Seidentüchern kam, kaufte er zwei. In einem Restaurant aß er ein süßsaures chinesisches Gericht und trank ein köstliches Singha-Bier dazu. Er saß zwei Stunden da und ließ die Menschen an sich vorbeiziehen, die keine Gesichter hatten und keine Namen, wie er. Er nahm einen Kaffee und beobachtete die Dämmerung, die schnell kam und schnell der dunklen Nacht wich.
Roos ging zum Ende der Straße, wo das rosafarbene Neonlicht den Pink Panther an den schwarzen Himmel malte. Wie beim ersten Mal war er früh, und wenige Gäste saßen in den Nischen. Ein Mädchen tanzte verloren auf dem Bühnenpodest. Er sah Gai in dem gleichen Augenblick, da sie ihn gesehen hatte. Er ging auf sie zu, und sie kam ihm entgegen. Er fragte sie auf englisch, was sie trinken wolle. Sie sagte: "Ich trinke ein Bier mit dir." Als er ihr Gesicht betrachtete, hatte er nicht den Eindruck, daß es kindlich war wie an jenem Abend. Als er ihre Hand nahm, die neben ihm zum Nehmen gelegen war, fühlte er die Hand einer Frau, eine lange schmale Hand, die warm war und anschmiegsam. Sie trug an diesem Abend keinen kleinen Bikini, sondern ein enges Kleid aus weichem Stoff. Er dachte nicht darüber nach, was er mit ihr sprechen könne. Er hatte Lust, sie neben sich zu fühlen. Sie saß neben ihm mit ihrem kleinen ernsten Gesicht, um das sich ihre schwarzen Haare eng an-

legten und schien auf nichts zu warten, wie er selbst. Er fand, daß sie schön war mit ihrem kleinen ernsten Gesicht mit der zartflügligen Nase, die ein wenig in die Höhe deutete, was ihr nicht Keckheit sondern eine Art von Stolz verlieh, den schwarzen Augen, deren Pupillen an die Augenränder stießen und dem zarten Kinn, das weich in ihre Wangen floß. Sie war nicht geschminkt wie die anderen Mädchen. Am meisten gefiel es ihm, daß sie ernst war und nicht lachend und zwitschernd wie die anderen Mädchen. Ihre ernste Schönheit erinnerte ihn an seine eigene Schönheit, und zum ersten Male fühlte er sich bei diesem Gedanken gut.

Es herrschte Stille, obwohl die Musik laut war und man immer mehr fröhliche und laute Stimmen hören konnte, denn die Bar füllte sich schnell.

"Wollen wir fortgehen," fragte er sie. Sie nickte. Er ging mit ihr auf die belebte Straße und hielt ihre Hand fest. Er hatte das Gefühl, sie festhalten zu müssen. Da sie nicht wie die anderen Mädchen die hochhackigen klappernden Pumps trug, sondern kleine, flache Schuhe, erschien sie noch kleiner und zarter. Sie gingen eine Zeitlang, verließen die brodelnden Straßen des Viertels und fanden sich an einem Platz wieder, der still war und verlassen. An einer Laterne stand eine Bank, und sie gingen darauf zu.

Als sie neben ihm saß, genoß er es, das Schimmern des Lichts auf ihrer Haut zu sehen. Plötzlich kniete sie vor ihm und ließ ihre weichen Finger über ihn gleiten, und wie sie vor ihm saß mit ihrem leicht gesenkten Kopf, war es ein Bild von Ergebenheit und Zärtlichkeit, das er nie zuvor gehabt hatte. Er zog sie zu sich hoch und küßte sie leicht, wie aus Dankbarkeit.

Er hielt sie auf seinem Schoß und tastete über ihre glatte warme Haut, vorsichtig, als könne er nicht glauben, daß Haut so sein könne. Die Liebe hatte für ihn nie etwas Großes gehabt, nie etwas von Bewunderung oder gar Atemlosigkeit, wie er es nun bei diesem Mädchen spürte. Er erinnerte sich nicht daran, wie es war, als er verliebt gewesen war. Es war nichts gewesen, das man hätte bewahren oder sich danach sehnen könne. Er fühlte plötzlich eine Panik, etwas Herrliches über all die Jahre versäumt zu haben und auch mit diesem Wesen nicht aufholen zu können.

Er wurde starr.

Das Mädchen fühlte, daß etwas vorgegangen sein mußte. Sie sah in sein Gesicht, das wie ein Stein war und lächelte, lächelte in seine Augen, bis die Starre verflog und alle diese Gedanken, und er legte seinen Kopf auf ihre Brust und kroch in diese Weichheit, und seine Umarmungen waren kräftig und hatten noch die leichte Panik, die in seinen Gedanken gewesen war.

Sie führte ihn durch die Straßen, wie er sie zuvor geführt hatte. Sie krochen an einem schmalen Haus eine enge, schwarze Wendeltreppe hoch und kamen in einen Flur, an dem viele Türen abgingen. Sie schloß eine der Türen auf und ließ ihn ins Zimmer eintreten. Es war ein quadratisches Zimmer, an dessen Fenster ein rosafarbener Seidenvorhang hin. Eine Lampe an der Decke war ebenfalls mit einem rosafarbenen Tuch umhüllt. Auf einem kleinen Tisch, der an der Wand lehnte, lagen Plastikfiguren.

Das Bett war schmal, und eine bunte Decke lag halb aufge-

schlagen.
Sie ging zielstrebig auf ein kleines Transistorradio zu und stellte es an. Er hörte eine Melodie, die er kannte. Sinatra sang. Sie holte aus einer kleinen Vitrine eine Flasche und ein Glas.
Er sah ihre Bewegungen, die sehr routiniert waren, er sah die Offensichtlichkeit ihres Tuns, als knipse jemand in einem sanft dunklen Raum plötzlich ein Neonlicht an.
Er holte einen Schein aus der Brieftasche und legte ihn auf den Tisch mit den Plastikfiguren und ging davon, ohne sich noch einmal umzusehen.
Als er die Treppe hinabstieg, hörte er darauf, ob sie ihm folgen würde. Aber es blieb still. Daß sie vielleicht verstanden hatte, warum er gehen mußte, machte ihn für einen Augenblick unruhig. Als er am Morgen seine Kleider richtete, fühlte er etwas in seiner Hosentasche. Es waren die Seidentücher, die er an einem Stand gekauft hatte. Er warf sie in den Papierkorb und dachte nicht mehr darüber nach.
Die nächsten Tage blieb er im Hotel oder schlenderte durch die benachbarten Straßen. An einem Abend ließ er sich mit der Fähre zum Oriental-Hotel bringen, wo er auf der Terrasse einen Drink nahm. Man hatte einen guten Blick über den nächtlichen Fluß und auf ein Restaurant auf der gegenüberliegenden Seite, dessen Garten mit Hunderten von Lichtern geschmückt war. Er sah gelangweilt auf die anderen Gäste. Er sah wenige, die es wert waren, beobachtet zu werden. Die meisten waren Touristen, wie man sie überall findet, laut, unbändig, nichts als Fröhlichkeit.
Als eine lärmende Gruppe Engländer neben ihm Platz nahm, verließ er die Terrasse und kehrte mit der alten Fähre

in sein Hotel zurück.
In der Bar nahm er einen Whisky. An der Theke lehnte der Blonde und schaute müde in sein Whiskyglas, als erhoffe er sich von dort Belebung. Roos setzte sich neben den Blonden auf einen Barhocker und bestellte ein Bier. Der Mann bemerkte ihn erst nach einiger Zeit.
"Nun, Sie haben Bangkok erkundet, wie es sich für einen Touristen gehört", stellte der Mann fest.
Wiederum fiel es Roos auf, daß die Fragen dieses Mannes nicht den Charakter von Fragen hatten; es waren Feststellungen, die bestätigt werden wollten. Als Roos dem Mann ins Gesicht sah, seine Müdigkeit, ja, die Resignation darin, wußte er, daß die Frage nicht spöttisch gemeint war.
"Ich habe getan, was mir in den Sinn kam", antwortete er. "Wenn es zufällig das war, was andere hier tun, so bin ich nicht anders als sie." Roos sah an dem Mann vorbei und fügte hinzu. "Im übrigen glaube ich, daß ich mehr mich selbst als diese Stadt entdeckt habe".
"So haben sie der Stadt einiges zu verdanken", antwortete der Mann.
"Ja."
Roos fragte sich, warum er dem Mann dies erzählte. Es gab keinen Grund dazu, vielleicht den, daß dieser seltsame Mensch nichts von der üblichen Neugierde hatte, daß seine Neugierde und Interesse prinzipieller Natur schienen.
"Für Touristen ist alles in Ordnung hier", begann der Blonde, "man kann, wenn man fremd ist, eine wunderbare Zeit hier haben."
"Ja", antwortete Roos, "die Menschen machen es einem leicht, eine gute Zeit zu haben. Sie spazieren lächelnd durch

den Tag, und man hat nichts anderes zu tun, als mit ihnen zu spazieren. Es ist sehr mühelos, das Leben hier."
"Sie haben ein Talent dafür, das Leben einfach zu machen, ohne Mühe."
Sie warfen sich Worte zu wie Federbälle, aber man konnte glauben, daß, wenn man die Worte überdachte, es auch Steine hätten sein können. Ihre Unterhaltung klang leicht und hingeworfen, ein leichtes Antippen von Gedanken und Roos spürte, hätte er Lust zu fragen und zu erfahren, es nichts mehr Leichtes und Unberührtes haben würde. Er hatte aber Lust, es bequem zu haben und seinen Whisky zu trinken, nichts herauszufinden, sich nicht zu kümmern. "Sie haben etwas entdeckt, das Veränderung für Sie bringt?" fragte der Mann.
"Nein", antwortete Roos.
"Nein", wiederholte er, "ich habe das Alleinsein entdeckt. Nichts Besonderes. Für mich etwas Besonderes. Ich habe es hier, und es ist nicht möglich, es zu Hause zu haben. Ich weiß es, und ich koste es aus."
"Ich verstehe", erwiderte Sattmann, "Alleinsein in einer großen Stadt ist bequemer, als alleinsein auf einer Insel. Das ist Arbeit, weil man nichts anderes zum Nachdenken hat, als sich selbst."
"Ich lasse mich treiben", antwortete Roos, "ich denke an nichts. Ich renne nicht mit einem Plan durch diese Stadt, und es gibt kein Muß, dieses oder jenes zu sehen. Herrlich."
Ihre Gläser klirrten aneinander.
"Sie kennen Bangkok gut", fragte Roos. Auch seine Frage klang nun wie eine Feststellung.
"Ich bin ein paarmal im Jahr hier", sagte Sattmann.

Roos spürte, daß der andere nicht erklären wolle, und er fragte nicht, was der Mann hier tue.
"Sie waren noch nicht drüben in den Klongs auf der Thonburi-Seite", stellte der Mann fest. Plötzlich war Belebung in dem Gesicht des Fremden, jene, die er wohl vorher vom Whisky erhofft hatte.
"Ich lade Sie ein, mit mir hinzufahren. Wollen Sie morgen mitkommen?"
Nun war der Mann kraftvoll, jung, energisch.
"Gerne", sagte Roos. Er beobachtete die Verwandlung des Blonden interessiert. Immerhin würde dieser fremde Einsame ihn nicht in seiner eigenen Einsamkeit stören. Das war keiner für Anhänglichkeit und Schulterklopfen.
"Ich werde jetzt schlafen gehen," verabschiedete sich Sattmann, "morgen um sieben an der Anlegestelle."
Am nächsten Tag traf er Sattmann, der bereits ein Boot gemietet hatte. Sie fuhren auf die Thonburi-Seite. Fast flogen sie mit dem leichten Boot über den Menam. Dann bogen sie in einen Seitenarm ein und hatten bald das Gewirr der Kanäle erreicht. Holzhäuser mit Veranden, die weit ins Wasser hineinragten, standen zu beiden Seiten der Kanäle. Dschungel umwucherte die Ufer. Auf dem Wasser ruhten alte Kähne aus Teak, in denen Menschen wohnten und langsam erwachten. Manchmal kam jemand, augenreibend, müde an Deck. Manchmal hing bunte Wäsche über einem Seil und grüßte wie ein Fahne.
Das schmale Boot zischte über die Kanäle und zerschnitt die Ruhe der alten Teakhäuser. Kleine Boote schwankten an den Seiten, in denen Frauen mit großen Strohhüten Früchte verkauften.

Roos kam sich wie ein lauter Eindringling vor. Er bat den Bootsmann, langsam zu fahren. Der Motor des Bootes tukkerte mühsam. Auf den Terrassen wuschen Frauen Wäsche. Sie winkten ihnen zu. Alte Männer rauchten Pfeife, und sahen ihnen nach, mit wenig Neugierde. Sie winkten nicht. Sattmann gab dem Bootsführer schnelle Befehle. Er schien sich gut auszukennen. Manchmal hob er den Arm in die Richtung einer Terrasse und jemand winkte zurück. Sie fuhren in einen Seitenarm eines größeren Kanals, und das Boot hatte Mühe zu manövrieren, denn die Fahrrinne war schmal. Fast berührten sie mit dem Boot die Holzpfähle der Häuser um die das schmutzige Wasser, in dem Abfälle schwammen, müde spielte.

Das Boot stoppte am Ende der Wasserstraße, wo eine Reihe Palmen stand, hinter denen eine Hütte versteckt lag. Nur ein schmaler Landesteg ragte in die braune Wasserbrühe. Sattmann gab dem Bootsjungen einen Wink. Der Bootsrumpf knirschte an die Holzbalken einer Treppe, und Sattmann tippte Roos am Arm und zeigte auf die Treppe.

"Aussteigen, wir sind da", sagte Sattmann. Roos war verwundert, daß sie ein anderes Ziel hatten als jenes, ziellos durch die Kanäle zu fahren. Er folgte Sattmann, der einen geübten Sprung über die Treppe tat. Der Bootsmann befestigte sein Boot an einem Balken und setzte sich wartend auf eine Treppenstufe.

Roos kletterte über die Stufen. Plötzlich waren da vier, fünf Menschen, die aus der Höhle des Hauses gekommen waren, Frauen und Männer und ein ziemlich verschmutztes Kind, das am Kleid einer Frau hing. Sie grüßten Sattmann respektvoll mit dem Wai, und dieser erwiderte den Gruß ebenso respektvoll. Dann wandten sie sich an Roos, nachdem Sattmann etwas in ihrer Sprache gesagt hatte und verneigten sich auch vor ihm. Obwohl sie lächelten, spürte Roos Verwunderung, aber auch Mißtrauen. Er gestand, daß sie beides gut verbergen konnten. Schnell gingen alle ins Innere des Hauses, wo es dunkel war und kühl. Es war so dunkel, daß Roos sich erst gewöhnen mußte, und dann sah er, daß mehr Menschen da waren, junge Männer, Frauen und Kinder, die auf Kissen und Matratzen in den Ecken hockten und, sobald Sattmann eintrat, emporsprangen und ihn begrüßten. Es machte den Eindruck, als hätten sie nichts anderes getan, als auf ihn zu warten. Sattmann murmelte etwas und deutete auf Roos, und wiederum wurde er respektvoll begrüßt, aber auch hier spürte Roos das verhaltene Mißtrauen, ja, etwas wie Furcht. Trotzdem lächelten sie, und nachdem Sattmann anscheinend Erklärendes hinzugefügt hatten, nickten sie wiederum und machten es sich auf ihren Plätzen bequem. Sie luden auch die beiden Europäer zum Sitzen ein.

Alle saßen eine Zeitlang stumm. Roos sah, daß sie auf Sattmann warteten, der etwas sagen sollte. Eine Frau brachte zwei Kokosnüsse, in denen ein Strohhalm steckte. Roos trank davon, während Sattmann das Getränk nicht anrührte. Der Raum war nicht groß und hatte wenig Einrichtung. An einer Wand stand ein Sofa, auf dem eine bunte, halb zerrissene Decke lag. Dann gab es Matratzen und Kissen, auf denen die Leute saßen und einen kleinen Hocker, auf dem leere Bierflaschen seltsam penibel aneinandergereiht waren. Es roch nach faulem Holz und Rauch.

Außer der Ankündigung, aus dem Boot zu steigen, hatte

Sattmann kein Wort mehr an Roos gerichtet. Er saß schweigend da, hielt den Kopf gesenkt, und wenn er ihn hob, blickte er in die Runde der Menschen und murmelte "hm, hm", und in dieser Äußerung lag etwas wie Pein. Dann schüttelte er den Kopf, als könne er etwas nie begreifen und verfiel dann wieder in Schweigen.
Die anderen schienen diese Art zu kennen. Geduldig und liebevoll schauten sie auf den ernsten Mann und warteten. Roos fühlte eine seltsame Stimmung. Er fühlte, daß er in etwas eingedrungen war, wozu er kein Recht hatte. Er hätte fragen können, aber dieses Schweigen der Menschen, sein eigenes Schweigen, hatten plötzlich Reiz für ihn. Es war so fremd, unerklärlich und ungewohnt, daß es in alles Fremde, das Roos bisher gespürt hatte, paßte. Irgendwann neigte auch er den Kopf, und es herrschte Stille, bis auf die Rufe der Fischer und Bootsführer, die vom Wasser herkamen und das Lachen einiger Kinder, die auf der Veranda des Nachbarhauses spielten.
Plötzlich erhob sich Sattmann.
"Kommen Sie", sagte er zu Roos, "Ich möchte ihnen etwas zeigen." Er ging in den hinteren Teil des Hauses, und während alle auf ihren Plätzen verharrten, folgte ihm Roos. Sie gingen durch schmale Gänge, über schmale Holzplanken, die brüchig und morsch schienen, zwei Hühner flatterten hoch, Hühnerdreck lag auf dem Boden. Als sie in einem dunklen Raum weit hinten anlangten, bückte sich Sattmann und machte sich am Boden zu schaffen. Er löste zwei Dielenbretter und wies auf eine Öffnung. Roos kam näher. In einer Kiste lagen aufeinandergestapelt, sorgfältig in Tücher eingepackt, Waffen. Es waren Maschinengewehre, Pistolen

und schmale Büchsen, etwa ein Dutzend Waffen insgesamt. Roos erhob sich langsam, sah Sattmann in die Augen, der plötzlich sehr gerade dastand, mit erhobenem Kopf.
"Was bedeutet das?" fragte Roos.
"Waffen für die Revolution", sagte Sattmann ungehalten, als stelle sich diese Frage im Anblick der Dinge nicht.
"Bringen Sie mich hier weg. Sofort."
Sattmann betrachtete ihn eine Zeitlang.
"Gut".
Beide gingen in den Vorraum. Roos ging sehr schnell, nickte nur kurz den Menschen zu, und als er auf der Terrasse, wo der Bootsführer wartete, war, atmete er tief.
Er war betroffen. Er war ärgerlich auf Sattmann, der ihn betroffen gemacht hatte. Er war ärgerlich, weil Sattmann ihn aus seiner Mühelosigkeit und Leichtigkeit gezerrt hatte.
Sattmann trat neben ihn.
"Ich habe Sie erschreckt", sagte er, "es war ein Fehler. Keine gute Idee, es Ihnen zu zeigen. Verzeihen Sie."
"Warum wollten Sie es mir zeigen?" fragte Roos. "Es gab keinen Grund dafür."
"Nun", antwortete Sattmann, "es gibt einen seltsamen Grund, eigentlich zwei Gründe, beide sehr seltsam. Darf ich Sie ihnen nennen?"
"Tun Sie's."
"Sie wirken wie ein Menschenfreund. Und Sie sind schön."
"Was sagen Sie da?"
"Ja, ich sagte, daß es seltsam ist, sehr seltsam", erwiderte Sattmann und wiederum senkte er den Kopf und murmelte etwas. "Ich habe keine missionarische Art, ich bin auch kein Schwätzer, das kann ich mir nicht leisten. Aber als ich Sie

sah, schon im Flugzeug, kam mir der Gedanke, daß Sie etwas mehr verstehen könnten und mehr Herz hätten, als all jene, die in dieses Land einfallen, die Landschaft vereinnahmen, die Menschen und vor allem diese liebenswürdigen Frauen. Ich wollte jemandem zeigen, jemandem wie Ihnen, wie das andere Leben hier ist, was sich hinter dem Lächeln abspielt."

Roos verstand nicht, aber hatte Erfahrung mit diesen Dingen, mit dieser Wirkung auf andere. Doch nie erschien es ihm unverständlicher, als in diesem Augenblick.

"Das andere ist", fuhr Sattmann fort, und es schien, als schämte er sich, "Sie sind gutaussehend! Die Menschen hier lieben die Schönheit. Sie verehren sie. Die Schönheitsköniginnen hier sind Nationalheldinnen. Ich dachte mir, daß sie Sie gerne empfangen würden, es würde ihnen einen guten Eindruck von Ihnen geben. Ich sehe ein, es war keine gute Idee. Es war ein spontanes Gefühl. Nun ist es schwer, wie immer, das Gefühl zu erklären und es dem Verstand unterzuordnen. Im Licht des Verstandes sehen Gefühle immer schlecht aus. Verzeihen Sie. Ich bringe Sie zurück."

Sattmann schien bedrückt.

"Aber ich möchte Ihnen trotzdem sagen, daß ich nicht glaube, daß mich mein Gefühl für Sie betrogen hat. Ich habe nur nicht bedacht, daß Sie es nicht zu wissen und zu sehen wünschen. Hier, wo Sie das Alleinsein entdeckten und die Leichtigkeit. Ich war dumm und egoistisch. Nochmals Verzeihung."

Sie fuhren zurück durch die Kanäle, und das laute Dröhnen des Motors verdeckte ihr Schweigen.

Sattmann schien müde und resigniert. Roos bemühte sich,

nicht an das Haus zu denken und an die Menschen und an das, was sie im Innern ihrer armseligen Hütte versteckt hielten. Er wollte schnell vergessen.

In seinem schönen Hotel stürzte ihm wieder die Schönheit der Menschen, ihr Lächeln, dieses leichte, sorglose Leben entgegen. Während Sattmann sich schnell verabschiedete und in ein Taxi stieg, setzte sich Roos in die Hotellobby und ließ das geschäftige Leben an sich vorbeiziehen, und es beruhigte ihn.

Während der letzten Tage in der Stadt nahm er seine ziellosen Streifzüge wieder auf, besuchte an einem Abend auch das Vergnügungsviertel, aber in den Pink Panther ging er nicht.

Er speiste gut in den Restaurants des Hotels, sah schöne Thai-Tänzerinnen in einem Lokal auf der anderen Seite des Flusses. Er besuchte das Jim Thompson Haus, das im Landesstil aufgebaut ist, und in dem man schöne Seidenstoffe kaufen konnte und nahm an einem Abend die Fähre zum Oriental Hotel, von wo er einen schönen Blick auf den nächtlichen Menam und die Häuser am Ufer hatte.

Während der letzten Tage hatte er wieder das gute Gefühl der Schwerelosigkeit, und er vergaß den Ausflug und die Klongs vollständig. Er vergaß ihn, wie er das Zuhause vergessen hatte.

Im Flugzeug sah er Sattmann wieder. Obwohl er nur wenige Reihen vor ihm saß, schien Sattmann ihn nicht bemerkt zu haben. Sie flogen in die dunkle raumlose Nacht. Roos dachte an Esther und die Kinder.

Er hatte kein Bedauern, daß es zu Ende war, das Unbekannte, Fremde und das Alleinsein.

Vor sich sah er den Mann, er sah den geneigten Kopf. Nachdem das Essen serviert worden war und man auf nichts zu achten hatte, als auf das beruhigende Sirren der Düsen und leichte Rütteln des Flugzeugs, wenn es die Unebenheiten der Luft ausglich, und dann das Sirren und Rütteln ein unverzichtbares Wiegen in den Schlaf wurde, verließ Roos seinen Platz und ging zu Sattmann.
"Sie sind müde", sagte Roos, "zu müde für einen Scotch?"
"Nein."
Sattmann wies auf den leeren Platz neben sich. Er bestellte bei der Stewardess zwei Gläser, in denen bernsteinig der Whisky schwappte.
"Erzählen Sie mir von dem anderen Leben, hinter dem Lächeln", sagte Roos. "
"Vergessen Sie's", antwortete Sattmann, "eine unmögliche Idee von mir. Wie konnte ich das tun? Was habe ich davon, Ihnen oder irgendjemandem etwas zu beweisen, Sie mit der Nase auf etwas zu stoßen, auf das sie nicht gestoßen werden wollen. Sie wollen ihre Ruhe haben. Gestattet. Viele dieser armen Leute dort wollen auch nur Ruhe haben. Gestattet. Prost."
Sattmann trank das Glas leer. Roos tat es ihm nach. Wortlos stand er auf und holte ein weiteres Pärchen Gläser.
"Armut. Bittere Armut. Sie sorgen dafür, daß sie unruhig werden", sagte Roos.
Sattmann nickte. Sie tranken ihre Gläser in einem Zug leer. Dann saßen sie schweigend.
"Armut, Korruption, Menschenhandel", begann Sattmann. Es klang, als wolle er mehr erklären, aber dann versank er wieder in Schweigen.

"Sie helfen mit Waffen", sagte Roos.
"Müssen sich selbst helfen. Ich besorge ihnen Waffen. Wenig, viel zu wenig. Vergessen Sie das alles."
Roos vergaß es. Er vergaß Sattmann und die Klongs. Manchmal dachte er daran, wie er gewesen war in Siam, an das Alleinsein und die Leichtigkeit, aber das andere legte sich darüber, und am Ende war Siam wie eine freundliche Girlande für den Alltag an die man manchmal denken konnte, nicht oft.

Irgendwann sah Roos in der Zeitung ein Photo, auf dem ein Panzer abgebildet war in den Straßen von Bangkok. Soldaten mit Gewehren saßen auf dem Panzer. Sie winkten und lächelten. In dem Artikel konnte man lesen, daß ein General einen anderen abgelöst habe und daß es ein friedlicher Wechsel gewesen war. Man könne, so hieß es in dem Artikel weiter, versichern, daß die Fremden in keinster Weise davon betroffen seien.

Roos war nicht betroffen.

Souk

Mein Gott, wie aufgeregt sie ist.
Dies ist ein häßliches Stück abgeernteten Feldes mit einem schneebedeckten Berg dahinter.
Wie alle aufgeregt sind.
Wie sie wie tolpatschige Kinder aus dem Bus stürzen, sich fast in den Trageschnüren ihrer Kameras verfangen, ihre plumpen Glieder durch die schmale Bustür zwängen, schubsen, drängen, um dieses Feld vor den Bergen zu bestaunen, als böte sich ihnen etwas Einzigartiges.
Wie mich das alles aufregt. Warum rege ich mich darüber auf.
Warum bin ich hierhergefahren. Warum an diesen Ort, warum bin ich überhaupt gefahren.
Alles egal, aufregen und nicht aufregen, fahren und nicht fahren, hier sein oder dortbleiben.
Gestern war ich jung, heiter, hoffte, wünschte, und das Leben war ein rosa Ballon.
Heute bin ich alt, gleichgültig, wünsche nichts, hoffe nichts und tue nichts, das zu Hoffnung führen könnte. Gestern stößt auf heute, dazwischen diese Jahre, von denen ich nichts mehr weiß.
Landschaften waren mir schon immer gleichgültig.
Es gibt Berge und Ebenen und Flüsse und Seen, und es gibt sie überall. Nie sah ich einen Sinn darin, Unterscheidungen

zu machen. Nie fand ich etwas in Landschaften, das ich grandios und wunderbar hätte nennen mögen. Ein Berg ist ein Berg, und es gibt kahle Berge und bewaldete und solche, die Schnee tragen, und ein See ist blau oder türkis oder braun und schmutzig, und eine Wiese ist grün und auf ihr wachsen Blumen oder nur Gras, und ein Feld ist bestellt oder abgeerntet wie dieses, auf dem nun häßliche Pflanzenreste wuchern, und das man als Müllplatz benutzt hat. Hinter dem Feld beginnt die Wüste, und am Feldrand wachsen Palmen.

Am Horizont ragt das Atlas-Gebirge herauf, dessen Bergspitzen mit Schnee bedeckt sind.

Ich vermute, daß das die Leute so aufregt, die Wüste vor dem Schnee und die Palmen zum Schnee.

Sie scheinen darüber entzückt, daß Schnee mit Palmen kombiniert ist. Sie sehen darin wohl eine Art von Romantik.

Ich kann keine Romantik darin finden. Dies ist das Atlas Gebirge, und wie jedes Gebirge von dieser Höhe trägt es Schnee, und an seinen Ausläufern schließen sich Wüsten an, und an den Wüstenrändern wachsen Palmen. Diese hier sind schmutzig und dürr.

Nun stehen sie da, starren mit dieser lächerlichen Andacht auf das sagenhafte Bild vor ihnen, und der Reiseleiter, ein hagerer, geschwätziger Marokkaner in einem düsteren, wie gestärkt abstehenden Mantel freut sich, daß er sie zum Staunen gebracht hat, zum Staunen inmitten der Slums, inmitten des fürchterlichen Gestanks von faulendem Gemüse und Exkrementen, inmitten der Fliegen, inmitten der zerlumpten Kinder mit ihren Rotznasen.

Nun klicken alle Kameras, das Summen einer Videokamera

mischt sich hinein, und der Berg und die Wüste halten still wie ermüdete Photomodelle, deren Schicksal es ist, gleichermaßen bewundert und begafft zu werden.
In mir wächst ein warmes Gefühl für die Landschaft, die so hilflos den unbarmherzigen Blicken der schwitzenden Gaffer ausgesetzt ist.
Julia ist besonders aufgeregt und tut sich als eifrigste Photographin der Gruppe hervor. Sie rennt von einem Feldrand zum anderen, klickt mit der Kamera, reckt sich, klickt, duckt sich, klickt, klettert auf eine zerbröckelnde Mauer am Ende der Straße. Dann bittet sie den Reiseführer, sie im Bild vor dem Atlas und der Wüste und den Palmen festzuhalten. Sie kreischt: "Palmen, Wüste und Schnee, das ist das Wichtigste. Das muß unbedingt drauf!" Sie kreischt es in ihrem breiten Deutsch, und wenn sie aufgeregt ist wie jetzt, kommt ihr sonst mühsam verborgener, harter Heimatdialekt durch, den ich hasse.
Der Reiseführer, der Erfahrung hat, weiß ihre Wünsche zu erfüllen. Nicht einmal drückt er auf den Auflöser, sondern zwei-, dreimal, während Julia sich vor dem stolzen beflissenen Mann windet. Ihre Eitelkeit ist ekelhaft.
Häßliche Gedanken. Ich schelte mich deshalb nicht. Es ist häßlich, wie sie die Landschaft für ihre Eitelkeit mißbraucht.
Ich mißbrauchte sie nie. Ich lasse Landschaften in Ruhe und trampele nicht auf ihnen herum, und sei es aus heuchlerischer Bewunderung.
Ich kenne die Leute nicht. Ein Haufen, der sich zu diesem Ausflug zusammengefunden hat. Ich habe keine Lust, ihre Bekanntschaft zu machen. Ich habe keine Lust, irgendwel-

che Bekanntschaften zu machen.
Julia ist hier wie ausgewechselt. Immer hatte sie etwas Gehorsames, und hier sieht es aus, als hätte ihr jemand streng und mit Androhung von Strafe befohlen, ihrer Schüchternheit für einige Wochen Urlaub zu vergessen. Sie zieht Fremde im Hotel und am Strand in ein Gespräch. Auch hier redet sie mit diesen Leuten die oberflächlichsten Dinge, und man ist freundlich und wohlwollend mit ihr und sucht ihre Gesellschaft. Sie steht wieder mit drei, vier dieser fremden Leute zusammen und redet irgend etwas, ich kann es nicht hören, und sie drehen sich zum Atlas-Gebirge nach diesem Klick-Konzert und deuten in die Ferne, und ich kann mir nicht vorstellen, daß es darüber etwas Wichtiges oder überhaupt etwas zu sagen gibt.
Ich bin mit Julia hierhergefahren, weil sie ruhig war und verschlossen. Ich wollte jemanden um mich haben, der meine Ruhe und Gleichgültigkeit nicht stört. Ich wollte allein bleiben, doch da ich das Alleinsein seit zwanzig Jahren nicht mehr gewohnt bin, nahm ich Julia mit, die allein ist wie ich.
Immer war Julia allein, seit ich sie kenne.
Ich hörte nie, daß sie mit Männern zusammen war. Ich hörte nie von Freundschaften mit anderen Frauen.
Nun, ich kümmerte mich nie sehr um Julia. Ich hatte mich kaum um mich selbst gekümmert. Wie hätte ich wissen können, wie sie ist in einer Zeit wie dieser, in der sie frei und unbeschwert ist. Sie entwickelt einen gewissen Charme. Sie sieht auch hübscher aus mit ihrem gebräunten Gesicht, und das Lachen macht sie jung und fast kindlich. Aber es regt mich auf, dieses Umhertänzeln, diese Ausgelassenheit.

Ich möchte meine Ruhe haben. Ich gehe über die Straße zu den sandfarbenen Häusern am Rande des Feldes. Ich gehe, um mich zu entfernen, und nicht, um anzukommen. Die Häuser wirken verlassen und ruhig. Ich gehe, um meine Ruhe zu haben. Von weitem wirkten die Häuser wie verlassene Sandburgen. Als ich mich nähere, springt Geschrei mich an. Im Nu bin ich von zerlumpten Kindern umringt, die mir ihre Hände entgegenstrecken. Durch die Torbögen mit ihren zerrissenen Vorhängen kommen Frauen und Männer. Sie starren mich neugierig an. Während die Kinder schreien und "Dirham, dirham " rufen, bleiben die Erwachsenen stumm. Ich glaube, sie sind neugierig, wie ich der Aufdringlichkeit ihrer Kinder begegnen werde. Ich werfe eine Handvoll Bonbons in die Höhe, drehe mich rasch um und laufe weg. Atemlos erreiche ich die Straße.
Ich mache es immer so, wenn ich mich bettelnder Kinder erwehren muß. Ich gebe kein Geld. Ich werfe Bonbons, die ich immer bei mir habe, sehr hoch und bis sie wieder zur Erde gefallen sind und die Kinder sich darum gebalgt haben, bin ich längst weg. Ich hasse es, belästigt zu werden.
Es liegt mir fern, sie zu demütigen. Ich habe nichts gegen sie, aber ich habe auch kein Interesse für sie. Sie sind wie Menschen überall, und sie sind mir gleichgültig. Ich bin mir selbst auch gleichgültig.
Nun hat sich die Aufgeregtheit gelegt. Die Leute haben den Atlas Bergen den Rücken zugedreht und reden irgendwas. Ich glaube über das Mittagessen, das nun folgen soll.
Der Atlas, die Palmen, der Schnee und die Wüste sind vollgesogen mit ihren Blicken, gebannt in ihren Photoapparaten, besprochen, benutzt.

Es wundert, daß der Schnee nicht auf den Kuppen geschmolzen, die Wüste nicht gewandert, die Palmen nicht verdorrt sind. Doch sie stehen da, unberührt, unbeeindruckt. Ich habe Respekt.
Der Reiseführer sammelt seine Schafe ein, die umständlich wie sie herausgekrochen sind, in den Bus wieder hineinkriechen.
Er legt den Arm auf meine Schulter, um mich zur Tür zu begleiten, da ich abseits der Gruppe stehe. Ich habe diese Geste immer gehaßt. Kraftvoll schiebe ich den Arm weg. Ich spüre, daß er verblüfft ist über meine Kraft.
Ich war immer kräftig, schon als Kind. Als ich ein kleines Mädchen war, war ich stolz darauf gewesen. Ich wollte wie ein Junge sein. Ich hatte die Kraft, mich mit ihnen zu balgen. Ich gewann oft. Heute gibt es nichts, auf das ich stolz sein wollte.
Wir fahren durch die Straßen von Marrakesch. Es war einmal ein Traum gewesen, aus den Zeiten, da ich Träume hatte: Durch die Straßen von Marrakesch fahren und die orientalischen Geheimnisse am Wegrand sehen, Farben, Düfte, verschleierte Frauen und gefährliche Männer.
Nun humpeln wir über schlechte Straßen mit tiefen Löchern. Wenn ich aus dem Fenster sehen will, muß ich an der Lockenmähne einer schwitzenden Frau vorbeisehen, die über die Hitze lamentiert. Die Straßen sind in Staub gehüllt, mit lärmendem Verkehr verstopft. Am Straßenrand stehen halbzerfallene Häuser und Schmutz. In Cafes sitzen schwarzgekleidete Männer. Ich sehe wenige, verschleierte Frauen.
Ich transpiriere stark, und ich hasse es zu transpirieren. Ich

sehne mich danach, in meinem Hotelzimmer zu sein und ins Nichts zu starren.
Der Bus hält vor einem Restaurant. Drinnen ist es kühl wie in einem Bahnhofssaal. An der Stirnwand stehen ein paar Tische vor zerschlissenen Polstermöbeln. Der Raum ist groß und leer. Die Drehventilatoren an der Decke sind machtlos gegen die schwüle Luft. Ich lasse mich in einen Sessel sinken.
"Du bist erschöpft", stellt Julia fest, die sich neben mich auf ein Sofa setzt.
"Ich bin nicht erschöpft, nur müde", gebe ich zurück.
Julia hat diesen neuen fürsorglichen Ton, seit wir angekommen sind. Er stört mich, wie die ganze Person mich inzwischen stört. Warum habe ich mich zu dieser Reise überreden lassen, warum sitze ich nicht zuhause in meinem Sessel und lasse das Leben an mir vorbeiziehen, still, stumpf und unbehelligt?
Senta, meine Schwägerin, hatte gedrängt: "Tu dir etwas Gutes. Fahr irgendwohin, wo es schön ist und warm. Du mußt dich ablenken."
Sie kann, wenn ihre Menschenliebe einsetzt, sehr hartnäckig sein. Jeden Tag kam sie und sah nach mir. Sie kochte und versorgte den Haushalt, während ich im Bett lag oder im Sessel saß und an die Decke starrte. Als sie eines Tages mit einem Ferienprospekt ankam, erlaubte ich ihr, eine Reise für mich zu buchen, irgendwohin, um ihrer Fürsorge zu entkommen.
Ich möchte hierbleiben und mich nicht fortbewegen und auf nichts hören, als auf das müde Surren der Ventilatoren.
Man serviert uns den Thé à la menthe. Er ist sehr heiß und

sehr süß. Ich trinke ihn schluckweise. Er erhöht meine Müdigkeit. Auch die anderen sind müde von der Hitze und dem grandiosen Erlebnis der Landschaft. Ich bin der Landschaft dankbar, daß sie sie müde gemacht hat.
Ich fühle, wie Julia mich beobachtet. Sie hat ein einfaches, gutes Herz und macht sich Sorgen um mich. Als das Essen, Eintopf in Tontellern, gebracht wird, bittet sie: "Iß davon. Es kräftigt. Du bist blaß."
"Julia," sage ich, "ich möchte jetzt nicht essen. Ich möchte hier sitzenbleiben und warten, bis ihr zurückkommt."
Ich schließe die Augen. Von weitem dringt das Klappern des Geschirrs an meine Ohren, und auf einmal ist es still um mich. Als ich die Augen wieder öffne, sitze ich alleine an dem Tisch. Das Restaurant ist leer. Ein Kellner streicht umher und verscheucht mit einem Tuch die Mücken. Er fragt, ob ich noch Tee möchte. Ich nicke.
Mir ist es gleichgültig, wo Julia und die anderen sind, ob sie zurückkommen oder nicht.
Mein Kopf ist heiß, und meine Hände sind naßkalt. Ich sehne mich nach eiskaltem Wasser und stelle mir vor, wie das Wasser unaufhörlich über meinen Kopf rinnt wie ein unermüdliches Rinnsal. Ich stehe auf. An der Bar frage ich den Kellner nach der Toilette. Sie ist im oberen Stock. Die Toilette ist sauber; aus dem Wasserhahn kommt gutes kaltes Wasser. Ich halte meinen heißen Kopf darunter, und das Wasser spült die Hitze weg. Ich könnte immer so stehen und den kräftigen Strahl Wasser über meinem Kopf haben.
Ich werfe meine langen blonden Haare zurück. Im Spiegel sehe ich, wie sie streng an meinem Kopf kleben. Mein Kopf ist klein im Spiegel, und die Augen sind zu groß für das

kleingewordene Gesicht.
Ich gehe die Treppe hinab ins Restaurant. In einer Ecke, die durch einen Paravent getrennt ist, sitzt ein Mann. Mir scheint, daß ich ihn kenne. Warum soll ich darüber nachdenken, woher ich dieses Gesicht kenne. Der Mann sieht mich an und grüßt.
Ich gehe zu meinem Platz zurück. Es ist früher Nachmittag, und die Sonne steht starr vor den hohen Fenstern. Das Leben hat sich in die Häuser zurückgezogen. Manchmal huschen verhüllte Gestalten vorbei.
Irgendwann höre ich eine Stimme.
"Du bist eingeschlafen. Steh auf, wir fahren zurück."
Ich öffne die Augen. Vor mir steht Julia. Sie kommt mir unnatürlich groß vor, und ihr Flüstern ist wie ein Dröhnen. Sie gibt mir ihre Hand, und ich halte sie, bis wir im Bus sind. Nach Stunden, mitten in der Nacht, steigen wir vor unserem Hotel aus, und Julia führt mich in unser Zimmer.
Am Morgen liege ich auf dem Bett, vollständig bekleidet.
Es ist unangenehm, die Kleidung zu spüren. Ich fühle den Schweiß und den Schmutz des vergangenen Tages und der Nacht. In den Kleidern stecken noch der Staub und der Geruch der Stadt. Ich ziehe sie hastig aus und werfe sie in eine Ecke des Zimmers.
Die Tür zur Terrasse ist geöffnet. Vor der Sonne schützt ein dunkler Vorhang, der noch nicht aufgezogen ist. Ein leichter Wind geht über meinen nackten Körper.
Das Bett neben mir ist aufgedeckt und die Decke sorgfältig zurückgeschlagen. Julia streicht jeden Morgen ihr Bett glatt. Es ist ihr unangenehm, ein zerwühltes Bett zurückzulassen. Es ist töricht, denn das Zimmermädchen richtet ihr Bett, wie

sie das meinige richtet, das immer zerwühlt ist.
Julia hat ihre Marotten. Ich habe es vorher nicht gewußt.
Das Licht fällt blau durch den dunklen Vorhang ins Zimmer und gibt den Dingen und mir weiche Umrisse. Ich wünsche, nun in diesem Licht zu liegen und mit den Dingen zu zerfließen. Ich wünsche, nicht in die unbarmherzige Sonne zu gehen, die alles klar und scharf macht. Es ist alles eindeutig hier, die hellen, heißen Tage und die schwarzdunklen, kalten Nächte. Beides fürchte ich, denn ich gehöre nicht zu ihnen.
Wir sind schon eine Woche hier, und ich bin die meiste Zeit in diesem Zimmer. Am Nachmittag liege ich auf der Terrasse unter einem Sonnenschirm, und ich gehe am frühen Abend schwimmen, wenn der Pool unberührt liegt und das Wasser sich leicht kräuselt im Wind.
Ich gehe ins Restaurant des Hotels, zu Zeiten, da keine anderen Hotelgäste da sind. Ich bekomme zu jeder Zeit einen Snack, und es genügt mir.
Ich weiß nicht, was Julia tut, während ich schlafe oder im Zimmer auf dem Bett liege. Sie ist irgendwo, in einer Bar, am Strand oder beim Einkaufen in diesem Ort, der ein berühmter Badeort ist. Natürlich versuchte sie am Anfang, mich überall hinzuschleppen, oder, da ich ablehnte, mir von ihren Ausflügen zu berichten. Ich erklärte ihr, daß ich dafür kein Interesse hätte und sie mir einen Gefallen tun würde, mich in Ruhe zu lassen. Zuerst war sie ärgerlich, dann besorgt, da sie sich anscheinend erinnerte, daß ich ein schweres Schicksal hatte, und ließ mich dann in Frieden.
Wirklich, ein freundliches Licht. Es schmeichelt mir. Es macht eine weiche Haut, und der Körper ist beinahe schön.

Ich stehe auf und reiße den trügerischen Vorhang zurück und stelle mich vor den Spiegel am Fenster und sehe die Wahrheit, diesen Körper wie er wirklich ist, alt, verwelkt, verwischt, würdelos.

Alles an mir ist grau, das Gesicht mit den eingefallenen Wangen und den dunklen Augenringen, der ausgeuferte Körper. Ich bin eine alte Frau. Gestern noch war ich jung und lustig und mit Augen voller Hoffnung.

Ich bin jemand, der aufsteht und einschläft und ißt und vergißt zu essen und daliegt und ins Leere starrt, und nichts ist als essend und nichtessend und schlafend und starrend.

Er war aus dem Leben geglitten, wie alles in diesen langen Jahren ins Nichts geglitten war, das Hoffen, das Lachen und das Lieben, ein stetes Wandern ins Nichts. Irgendwann war keine Wärme mehr da gewesen, und obwohl man es wußte, war man doch erstaunt zu erkennen, wie vollständig sie gewichen war.

Ich weiß nicht, ob ich nun traurig bin, ich wußte nicht in diesen Jahren, ob ich traurig war oder fröhlich. Ich lebte, ein Tag nach dem andern.

Ich bin Krankenschwester. Ich habe das Licht aus zweiter Hand; ich arbeite nachts. Lange schon kann ich nichts mit dem Tageslicht anfangen. Ich verschlief es meist.

Ich höre, wie sich der Schlüssel im Türschloß dreht. Julia. Sie kommt lachend ins Zimmer. Oft versucht sie vergeblich das Lächeln aus mir herauszuholen. Heute gelingt es ihr.

Sie sieht sehr komisch aus, mit dem Turban, den sie ungeschickt um ihren Kopf geschlungen hat. Die Zipfel des Frottiertuches hängen herunter wie lange Hasenohren. Sie trägt hochhackige Holzpumps, und um ihre mageren Hüften

hat sie ein buntes Tuch drapiert, das wegzurutschen droht. Sie imitiert diese schönen braunhäutigen Frauen, die stolz am Strand spazierengehen. Die jedoch sind groß und haben runde Hüften. Julia ist klein, mager wie ein Schuljunge und hat einen zu breiten Kopf.
Ich bin gerührt und lächle.
"Geht es dir besser, hast du gut geschlafen?" sprudelt sie hervor, und da ich lächle, was ich selten tue, fährt sie fort: "Ich war schwimmen, im Meer. Herrlich am Morgen. Alle sind noch beim Frühstück, ich war allein. Es war wunderbar, mit den Wellen zu spielen. Du kannst dir nicht vorstellen, wie stark die Brandung ist. Es ist der Atlantik, viel ungestümer als das Mittelmeer."
Ich glaube nicht, daß sie genug Erfahrung hat, ein Meer von dem anderen zu unterscheiden. Aber sie hat eine so kindliche Begeisterung, und das Wort "ungestüm" hat mir gefallen, weil es für Julia ein unpassendes Wort ist.
Ich sehe mein Lächeln im Spiegel, und es ist mir fremd. Immer noch bin ich nackt, aber ich habe keine Scheu vor Julia. Ich schäme mich nie vor anderen, nur vor mir. Ich ziehe ein T-Shirt über. Ich denke daran, wie es sich wohl anfühlt, das ungestüme Meer.
"Ich würde jetzt gerne im Meer schwimmen." Ein ausgesprochener Gedanke, für mich.
"Ich gehe mit dir. Ich möchte es nochmal genießen", antwortet Julia, und sie sieht mich dabei mit einer gewissen Dankbarkeit an.
Die Wellen schlagen schwer an meine Beine, ich habe Mühe, tieferes Wasser zu erreichen. Ich muß gegen die Wellen kämpfen.

Ich habe plötzlich Lust, gegen sie zu kämpfen; ich will das wilde Meer weiter draußen erreichen. Das Wasser ist kalt, aber ich werde warm, als ich gegen die Wellen schwimme. Dann habe ich die Gischt überwunden und schwimme auf dem dunkelblauen Wasser, das mich fortträgt.
Große Mutter Wasser. Und ich bin ihr Kind. Ich fühle, wie sie mich hinausträgt. Es ist schön, getragen zu werden, keine Lasten zu fühlen. Die Schwere des Körpers zu vergessen. Ich fühle, wie das Wasser mich liebt, wie es mir leichtfällt, mich ihm anzuvertrauen. Ich schwebe weiter und weiter, und es wird nicht mehr lange dauern, bis ich am Horizont angekommen bin. Von dort ist es nicht mehr weit zur Sonne. Ich werde das wahre Licht berühren können, mit meinen leichten Händen an meinem leichten jungen Körper, der die Zeit nicht mehr kennt.
Es gibt nur diesen Weg, weiter, weiter hinaus. Irgendwo tanzt ein schwarzer Punkt auf dem Wasser, weit weg. Dann ist er verschwunden. Ich schwebe auf den Wellen. Diese langersehnte Stille. Ich habe nie etwas stärker gefühlt als diese Stille. Es hat mit Menschen nichts mehr zu tun.
Plötzlich, ein Dröhnen von fern. Etwas zischt auf mich zu. Ein Boot, Menschen winken. Ich erkenne Julia. Ich verstehe nicht. Sie sind neben mir, zerren mich ins Boot.
"Bist du wahnsinnig? Du hättest ertrinken können."
Es ist Julia, die schreit. Ich habe sie nie schreien hören. Ihr Schreien ist wie ein Schlag.
Mein Kopf ist wieder schwer, mein Körper ist schwer.
"Was tust du? Laß mich los. Bist du verrückt geworden?"
Ich schreie ebenfalls. Ich bin plötzlich sehr erschöpft. Welches Recht hat sie. Ich hasse sie. Es war schön gewesen, es

war mühelos, ich war so leicht, so wunderbar leicht, und nun sinke ich schwer in das Boot, auf dieses schmutzige kalte Holz.

Jemand greift nach mir. Julia. Ich will sie abwehren. Als ich aufblicke, sehe ich in das dunkle Gesicht eines Mannes. "Sie waren leichtsinnig. Sie sind sehr weit geschwommen. Es gibt gefährliche Strömungen hier."

Die Hand des Mannes liegt auf meiner Schulter. Die Stimme ist dunkel, und ich lausche auf diese angenehme Stimme, angenehm nach dem Schreien Julias.

Ich kann die Züge des Gesichtes nicht erkennen. Die Sonne steht hinter ihm, und sie umfließt den Kopf mit kleinen Zungen. Nun kann ich die Sonne berühren. Ich strecke meine Hand aus und streiche über den dunklen Kopf und fühle die Wärme. Dann schließe ich die Augen.

Wenn ich meine Augen öffne, sehe ich blaue Gestalten, die an meinem Bett vorbeihuschen. Ich höre Flüstern. Alles ist mir vertraut. Das Huschen, das Flüstern, der Geruch.

Ich bin immer sehr sorgfältig mit den Patienten. Sie lieben mich, weil ich sanft bin und freundlich. Nicht grob und derb wie die anderen. Sie wissen nicht, daß ich keine Kraft habe, derb oder grob zu sein. Ich bin leise, habe eine leise, flüsternde Stimme. Und hier, in diesem blauen Licht? Es ist anders, irgendetwas ist ganz anders und fremd. Ich reiße die Augen auf, müde schwere Augen, setze mich im Bett auf. Ich bin es, die umhuscht, umsorgt, umflüstert wird. Alles flattert wieder in meinen Kopf, das Wellenschweben, Julia, der Sonnenkopf.

"Julia. Was ist los?"

Ich möchte schreien, aber das Schreien kommt als Flüstern

heraus. Sie hat es gehört, setzt sich auf die Bettkante und sagt mit ihrer kleinen Stimme: "Du hast zwei Tage geschlafen. Doktor Mekhim hat dir ein Beruhigungsmittel gegeben. Ich hatte große Sorgen um dich."
"Ich verstehe nicht. Es war schön, im Meer zu schwimmen", sage ich, "ich wollte nie mehr aufhören. Es war einfach. Die Wellen haben mich getragen."
"Du warst erschöpft und unterkühlt. Es war gefährlich. Ich glaube, nun geht es dir wieder gut. Ich lasse dich nicht mehr allein."
Julia ist eine viel bessere Krankenschwester als ich. Sie war es immer. Ich tue es, weil es eine Arbeit ist. Sie tut es, weil sie Menschen liebt und helfen will. Ich hatte nie diese Gedanken. Ich habe keine Kraft zu lieben. Ich bewundere sie plötzlich sehr; ich weiß nicht, warum ich Julia plötzlich so sehr bewundern kann.
Diese Nacht schlief ich gut, und manchmal fühlte ich Julias Hand auf mir. Sie hilft mir beim Ankleiden, weil mir ein wenig schwindlig ist, und dann gehen wir zum Frühstück ins Restaurant. Man hat dort ein schönes Büffet aufgebaut mit Früchten und Kuchen und Gebäck und Brot und Wurstaufschnitt und Käse.
Ich war nie zum Frühstück im Restaurant. Nun finde ich es angenehm, mit der leisen Musik und den anderen Gästen, von denen einige herüberwinken. Es ist eine fröhliche Stimmung. Durch die Fenster kann man das Meer sehen, wie es blau und weiß an den Strand schlägt. Kellner richten draußen die Tische für den Lunch, und die Strandboys säubern die Liegen und Tische am Strand.
Ich war nie da, ich war am Pool oder weit hinten in den Dü-

nen, wo keine Liegen sind und keine Strandboys und keine fröhlichen Urlauber. Nur die Hunde, die hungrig um die Beine streichen. Es genügte mir.
Nun aber gefällt mir dieses Bild, und ich habe plötzlich Angst vor Einsamkeit. Wenn ich an das Meer weit draußen denke, fühle ich plötzlich, einer Gefahr entronnen zu sein.
"Ich möchte heute da draußen sein am Strand," sage ich zu Julia," wollen wir uns umziehen?"
Es ist angenehm, die Wärme zu spüren. Der Boy bringt einen Drink, der blau ist und grün und mit einer Blüte dekoriert.
Julia liest in einem Buch. Ich blättere in einer Zeitschrift, aber ich verstehe nicht, was ich lese, sondern höre auf die harmlosen Geräusche um mich, das Lachen von Kindern, das Rufen der Kamelführer, das leichte Geplätscher der Worte um mich herum.
Die Auflage der weißen Strandliege ist weich, und ich fühle mich behaglich.
Ich bin ruhig und fühle mich behaglich, dieser harmlosen Sonnengesellschaft zugehörig. Ich muß nichts dazu tun, nur dasein und in die Sonne sehen. Vielleicht kommt die Ruhe von dem Mittel, das man mir gegeben hat. Ich denke nicht darüber nach. Jemand nickt freundlich herüber. Ich kenne niemanden.
Julia erwidert den Gruß. "Eine nette Frau. Sie war mit auf unserem Ausflug nach Marrakesch."
"Ich habe sie nie gesehen", sage ich.
"Du hast wenig gesehen, in den letzten Tagen", antwortet Julia, "aber es ist nicht wichtig. Du tust, was du willst."
Die Frau kommt auf uns zu. Sie ist dick und hat ein rundes

gutmütiges Gesicht.
"Wir wollen morgen zum Markt nach Inezgane. Mohammed fährt uns. Haben Sie Lust mitzukommen?"
Julia sieht mich an.
"Warum nicht. Wann fahren Sie?" frage ich. Ich sehe, daß Julia lächelt.
"Am späten Nachmittag. Vorher ist es zu heiß. Sagen wir um vier in der Halle."
"Gut".
Das geht ganz leicht wie das träge Aufsehen zum Himmel, oder das uninteressierte Hören auf die Worte ringsum. Es ist leichter, wenn die Einsamkeit Kraft kostet. Vorher ging Einsamkeit leicht. Ich denke flüchtig, daß nicht ich es bin, der entscheidet, sondern die anonyme Chemie des Beruhigungsmittels.
Die größte Anstrengung, die man auf der Sonnenliege ausgestreckt machen kann, ist das Aufschlagen der Augen und Zuhören, was ein vollbeladener Händler, umglittert von Sonnenstrahlen, anbietet. Obwohl es mich stört, bin ich nun in der Lage zu bemerken, daß sie sich immerhin Mühe geben, charmant zu sein. Sie flüstern sogar, um die Touristenruhe nicht zu stören.
Ich schließe die Augen und mache eine abwehrende Handbewegung, aber ein wenig erstaunt bin ich über die Andeutung eines Lächelns auf meinem Gesicht.
Am Abend nehmen wir ein leichtes Essen auf der Terrasse, die sich weit und weiß zum Pool öffnet. Auf dem Tisch, den der Kellner an die Längsseite der Terrasse gerückt hat, duftet der Geflügeleintopf, und es ist, als röche ich den Curry und die anderen fremden Gewürze zum ersten Mal. Ich habe

auch zum ersten Mal Lust, sie zu riechen.
Von unten kommt das Geplauder der Gäste, die zum Gartenrestaurant gehen, und aus Lautsprechern plätschert leise Geigenmusik. Manchmal hört man Schreie von Katzen, die sich zur Essenszeit am Restauranteingang zusammenfinden.
Das alles weht mich leicht und angenehm an, und ich denke, daß ich irgendwann an dieser Unbeschwertheit werde teilnehmen können. Jetzt ziehe ich es vor, alleine mit Julia zu sein. Ich glaube, auch sie ist damit zufrieden. Sie trinkt Wein, und manchmal lächelt sie mir zu.
Wir haben vor dem Essen den Sonnenuntergang gesehen, der, so Julias Worte, sensationell sei. Dies ist auch ein Wort, das nicht zu ihr paßt. Nun, in dieser merkwürdigen Zeit zwischen den Zeiten, da ich zwischen dem Nicht-Fühlen und Fühlen stehe, da die vertrauten Dinge mir unvertraut sind, gefällt mir das Unpassende auch im kleinen Wort.
Ich sah sie einige Male ins Meer fallen, die winzige Kugel Sonne, während ich von meinen ziellosen Wanderungen in den Sanddünen ins Hotel zurückgekehrte, aber es war etwas Vorübergehendes, Unbemerktes.
Nun stehen im Garten, wie vergessene Zwerge, Menschen und starren auf den Feuerpunkt. Am braunen Strand, der nun sehr dunkel ist, steht eine schmale Reihe von Körpern, die sich zerbrechlich gegen das Tintenblau der Dämmerung ausnehmen.
Das Klicken der Kameras ist ein obszönes Geräusch. Mit den andächtigen Menschen ist es eine fast heilige Stimmung, jedoch als die Sonne in den Horizont plumpst hat es, ja, etwas Sensationell-Schnelles, was von man von der gemächlichen Sonne wohl nicht gewöhnt ist. Es hat

auch Heiterkeit, als zöge jemand vom andern Ende der Welt den Himmelsball zu sich - als sein gutes Recht.
Wir sprechen wenig. Aber unser Schweigen hat keinen Ernst wie an den Tagen zuvor. Wir sprachen immer wenig. Trotzdem hatte ich nie das Gefühl, Erklärungen abgeben zu müssen.
Sie war immer da, seit wir Kinder waren. Ich nahm ihr Da-Sein als etwas Natürliches hin, wie ich meines hinnahm. Jetzt fühle ich plötzlich Zärtlichkeit für sie, und es erstaunt mich, wie mich das Gefühl der Bewunderung für sie erstaunte.
"Die Sonne hat mich müde und schwer gemacht", sage ich.
"Es ist gut, wenn du ausruhst", antwortet sie.
Sie sieht mich an und sagt dann: "Du wirst noch schöne Tage hier haben. Ich glaube, du wünschst es dir."
"Ja," erwidere ich, "ich beginne, es zu glauben."
Später, in der Nacht, wache ich auf und sehe Julia vor einer heruntergebrannten Kerze sitzen. Der Kerzenschein erhellt ihr junges und freundliches Gesicht.
Während wir in der Halle warten, nehmen wir einen Campari-Soda, der gut gekühlt ist. Die Schönheit des Ortes beeindruckt mich; es ist ein vornehmes, teures Hotel.
Ich kenne nur kleine Pensionen in den Bergen mit muffigen Zimmern, in denen die Kälte und die Dürftigkeit stand. Es war nie Geld da, und wir mußten in die Berge reisen, seiner Krankheit wegen. Er konnte dort besser atmen, aber mir war die Kehle zugeschnürt, der hohen Berge und der Armut wegen.
Ich bin froh, daß seine Schwester für mich diesen Ort gewählt hat. Sie hat Sinn für das Bessere. Ihn hatte es immer

ärgerlich gemacht, aber mir war es sympathisch.
Der Boden der Halle ist mit großen farbenfrohen Teppichen bedeckt. An der Decke des Raumes sind um eine Kuppel, durch die das Licht wie ein Schwall fällt, zierliche Mosaiken angebracht. Auch die Säulen tragen Mosaik-Ornamente.
Ich kann nicht behaupten, daß ich Lust hätte, diesen Ausflug zu machen. Ich tue es, weil die Unlust, allein zu bleiben, größer ist.
Es war eine trotzige Kraft gewesen, die mich in diesen Tagen zum Alleinsein brachte. Nun fühle ich, daß die Kraft schwindet und mich schwankend und willenlos zurückläßt.
Ich bin bereit, mich einem anderen Willen zu überlassen.
Ich weiß, Julia freut es, wenn ich sie begleite. Ich bin nicht sicher, ob ich Freude haben werde.
Die Frau erscheint und ist fröhlich und winkt uns zu. Wir gehen ein Stück auf der belebten Straße, bis wir zu einem Parkplatz kommen, auf dem in langen Reihen Reisebusse parken. Noch lastet die nachmittägliche Hitze auf dem Platz. Durch die Bäume blitzt das Meer. Lachen kommt von dort.
Wir bleiben vor einem kleinen Bus stehen. Die Frau hält ihren Zeigefinger vor den Mund. Auf dem Fahrersitz sitzt, über dem Lenkrad hängend, der Chauffeur. Er schläft. Sein dunkler Kopf ist gebeugt, als mache er einen Diener. Als die Frau ihren Arm ausstreckt, um den Schlafenden zu wecken, ruckt der Kopf, und die schwarzen Augen sehen die Frau erstaunt an.
"Verzeihung, ich war eingeschlafen", sagt der Mann. Er lächelt nicht.
Ich kenne die Stimme, den dunklen Kopf. Es ist der Mann, der mit uns in Marrakesch war und auf dem Boot.

Ich finde es eigenartig, diesem Mann immer wieder zu begegnen. Ein wenig stört es mich, ihn zu Zeiten getroffen zu haben, die eine gewisse Bedeutung für mich hatten und die ich nicht mit einem Fremden zu teilen bereit war. Es stört mich, daß er meine Gleichgültigkeit in Marrakesch sah und meine Hilflosigkeit, nachdem man mich in das Boot gezerrt hatte. Nun sieht er meine Willenlosigkeit, die mich zu diesem Ausflug gebracht hat. Ich haßte es schon immer, Fremden Persönliches zu offenbaren.
Ich fand es ungehörig und kindisch und als Zeichen schlechter Manieren.
Ich beschließe, ins Hotel zurückzukehren. Aber schon springt der Mann aus dem Führerhaus und öffnet die hintere Wagentür. Er hilft uns einsteigen, und als ich in sein Gesicht sehe, ist darin keine Regung. Die Augen zeigen kein Wiedererkennen. Ich bin froh und auch ein wenig verblüfft und steige in den Bus ein. Manchmal, während wir fahren, beobachte ich die Augen des Mannes im Rückspiegel, doch sie sehen aufmerksam geradeaus .
Wir fahren durch Straßen, die von Fremden belebt sind. Sie sind fröhlich und tragen Shorts und bunte Hemden und flanieren an den eleganten Geschäften vorbei.
Die weißen Hotels liegen in bunten Gärten, und manchmal sehe ich ein braunes Gesicht, das neugierig über Hotelmauern späht. Doch die Mauern sind hoch und die Pflanzen üppig, und sie geben kein Geheimnis preis.
Wir fahren weiter und kommen in flaches Land. Staub weht über die Straße, und die Palmen am Straßenrand sind staubverschmutzt. Zwischen Geröll und Steinen kauert hie und da ein Mensch, eine seltsame Erinnerung an Leben inmitten

dieser ausgebrannten Landschaft. Immer wieder tauchen diese zusammengesunkenen Menschen am Straßenrand auf und scheinen dazusitzen, nur um des Dasitzens willen.
In der Ferne flirrt die Hitze über dem Land, und manchmal zuckt Weiß von Häusern auf, die ebenso einsam in der Ebene stehen wie die kauernden Menschen.
Die Straße ist stark befahren. Auf Schildern kann man "International Airport" lesen. Es ist die Straße zwischen dem internationalen Badeort und dem internationalen Flughafen. Dazwischen liegt diese lebensferne Steinwüste.
Schwere Lastwagen erschüttern die Straße. Wir biegen in eine schmale Straße ein, die nach wenigen Metern in einen holprigen Feldweg mündet. Wir lassen den Lärm der großen Straße zurück, und ich bin froh darüber. Ich habe keinen Sinn für dieses laute kraftvolle Leben. Ich glaube auch nicht, daß es zu dieser ruhigen Landschaft paßt.
"Inezgane," sagt die freundliche Frau neben mir, "ist nicht weit entfernt, aber es weit weg von jedem modernen Leben. Sie werden sehen. Ich war einige Male da, und es zieht mich immer wieder hin. Die Leute aus den Hotels verirren sich kaum dorthin. Ich war immer mit Mohammed alleine hier. Deswegen freut es mich, daß Sie heute mitkommen."
Sie ist wirklich nett und hat ein lustiges, gutmütiges Gesicht. Ich könnte ihr nicht sagen, daß ich keine besondere Freude habe, Inezgane zu sehen.
"Ich bin auch schon sehr gespannt," sage ich statt dessen, "es ist bestimmt das ursprüngliche Marokko."
Ich sehe plötzlich die Augen des Fahrers im Rückspiegel. Sie lächeln, und der Kopf nickt. Die Frau hat es auch gesehen und nimmt es als Bestätigung.

"Nicht wahr, Mohammed", sagt sie zu dem Mann, "Inezgane ist ein liebenswerter, unberührter Ort, und man kann dort einiges über das Leben hier erfahren. Mohammed wird uns durch den Souk führen und uns alles zeigen und erklären, und dann wird er irgendwann verschwunden sein, um bei einem seiner Freunde einen Tee zu nehmen. Wir werden allein auf dem Basar sein inmitten der köstlichsten Dinge. Das ist besonders aufregend, denn man kann sich wirklich verirren in den kleinen Gassen. Aber Mohammed wird uns finden. Er hat mich bisher immer wieder aufgespürt." Das sagt sie mit einer gewissen Zärtlichkeit, als wäre es ein Teil eines immer wieder gespielten Spieles von Verlieren und Wiederfinden, wie es Verliebte gerne spielen. Sie lacht dem Mann zärtlich zu, und ich sehe, wie der Mann zurücklächelt, aber es scheint mehr Höflichkeit als Zärtlichkeit in diesem Blick zu liegen.

Was geht mich dieses Spiel an. Ich bin daran nicht interessiert.

Ich fühle, wie die Leere wieder in mich kriecht und Wünsche und Lust und Lächeln und Anteilnahme überdeckt. Der Sand und das Geröll neben der Straße das Gras macht alles Grün leblos.

Ich bin ausgebrannt wie das Land hier und es ist das erste Mal, daß ich eine Art der Solidarität mit Landschaft fühle.

Julia liest mir das Fallen und Fallen in meinem Gesicht ab, denn sie sagt: "Möchtest du, daß wir eine Pause machen? Die Luft ist schlecht. Der Staub durchdringt alles, und man hat das Gefühl, man könne nicht mehr atmen."

Ihre Krankenschwesterfürsorge verursacht in mir wieder diese ärgerliche Aufregung, aber ich besinne mich und

schaffe es, sie zu entschuldigen.
"Nein, es ist gut", antworte ich und bemühe mich, nicht aufgeregt zu sprechen. "Ich schaffe es bis Inezgane."
Wenige Minuten noch bis dorthin, Ruhe, nicht sprechen müssen, nichts tun müssen, nicht lachen müssen, nicht erfreut sein müssen, nichts bestaunen müssen. Ich tröste mich, indem ich daran denke, daß es zwei kleine Stunden sind, die wir hier verbringen werden, und daß ich danach wieder in mein Zimmer darf und auf dem Bett liegen und zur Decke starren kann, die blau ist vom Licht, das durch den Vorhang fällt.
Unser Bus ist komfortabel und besitzt auch eine Klimaanlage. Er ist gut gefedert und gleicht die Unebenheiten der Straße aus. Nun jedoch, als wir in den Ort einfahren, ist er ein Opfer von Schlaglöchern und Pfützen.
Ich sehe, daß der Fahrer einiges Talent hat, schadlos aus dieser mörderischen Piste herauszukommen.
Wenn ich durch eine Staubwolke nach hinten sehe, wundert es mich, daß wir nicht in einem der Schlaglöcher steckengeblieben sind.
In meiner Leere und Mißmut gelingt es mir, diese Leistung zu bewundern, wie ich überhaupt Leute bewundern, die Autos lenken können. Ich kann es nicht. Seltsam, ich wollte als junges Mädchen ein Auto besitzen, doch nachdem ich geheiratet hatte, fuhr Fred mich in seinem Wagen, und es war nicht mehr notwendig, einen zweiten zu haben. Viel später erkannte ich, daß es notwendiger gewesen wäre, als ich es mir vorgestellt und Fred es mir eingeredet hatte. Aber da war es zu spät, und ich hatte keine Energie mehr.
Auf der Straße sind viele Menschen. Ich sehe, daß sie unbe-

kümmert die Straße überqueren und die wenigen Autos respektvoll Rücksicht nehmen.
Die Männer tragen lange Kleider, die steif nach unten abstehen. Die Frauen sind in farbige, knöchellange Gewänder gehüllt. Manche gehen verschleiert.
Hier ist nichts von Gepflegtheit, nichts von bemühter Sauberkeit, nichts von stolzem Weiß, das sich stark gegen den Himmel stellt. Sand und Staub, die von der Wüste kommen, sind die Herren, und die Häuser und die Straßen ertragen sie klaglos. Die Häuser sind schmutzig und schief. In den kleinen Geschäften baumeln einsame Würste, und an Fleischstücken hängen Mückenpilze.
"Nun haben Sie das wahre Marokko. Sehr pittoresk, nicht wahr?" begeistert sich die Frau neben mir.
Ich sehe, daß sie falsche Zähne hat, und daß die Zähne zu groß und schwer in ihrem Mund stehen.
Es stößt mich ab, daß man dies hier auf eine romantische Weise schön finden kann. Ich finde, es ist einfach Leben, anderes Leben, und ich habe Respekt. Schön finde ich es nicht.
Seltsam, daß sie mir zuredet wie einem unwissenden Kind. Vielleicht glaubt sie, daß sie mich aufmuntern kann, weil ich verschlossen bin.
Julia sprach die ganze Zeit über kein Wort. Ich bin ihr dankbar dafür. Auch der Mann sprach nicht.
Wir halten vor einem mächtigen braunen Tor mit Bögen und Zinnen. Der Fahrer parkt den Wagen an der Seite, und wir steigen aus. Hinter dem Tor beginnt ein breiter Sandweg, an dessen Seiten Buden aneinandergereiht sind. Stoffe flattern hervor und Kinderkleider und jene farbenfrohen

Frauengewänder. Dazwischen gibt es Buden mit Lederbeuteln und billigen Koffern.
"Sie müssen unbedingt Ledersachen kaufen", sagt die Frau, neben mir hergehend. "Leder ist billig und ganz gut verarbeitet."
Ich kann diese Frau plötzlich nicht mehr ertragen und rufe Julia zu: "Nicht wahr, Du wolltest doch eine Ledertasche kaufen." Julia wendet sich mir lächelnd zu und sagt zu der Frau: "Sehen wir doch mal, was es hier gibt." Sie verschwindet mit der Frau in einer der Buden.
Ich bin nun allein inmitten dieser fremden dunklen Menschen. Einige starren mich an. Es ist mir unangenehm, angestarrt zu werden.
Der Sand, auf dem ich laufe, ist braun und schön weich. Ich starre auf den Sand. Ich möchte zurück in den Bus und zurück in mein Zimmer. Was tue ich hier?
"Dies ist der Kleidermarkt. Der Obst- und Gemüsemarkt ist schöner. Möchten Sie dahin?" sagt jemand neben mir. Es ist der Fahrer. Er ist groß und sieht freundlich auf mich herab.
"Warum sehen mich alle an?"
Er lacht. "Vielleicht Ihr Haar. Ihre schönen blonden Haare. Sie sind faszinierend für die Leute hier."
Die Haare sind das einzige an mir, das man als eine Art von Schönheit bezeichnen könnte. Mein Haar ist lang und dicht und hat tatsächlich einen Ton von Gold. Es hat Tage gegeben, als nichts Schönes mehr an mir und in mir war, da stand ich vor dem Spiegel und bürstete dieses Haar, und ich bürstete es mit solcher Kraft, als wollte ich meine besseren Zeiten wieder zurückbringen, indem ich das Beste an mir berührte. Später tat ich auch dies nicht mehr und war achtlos

mit meinem Haar, wie ich achtlos mit mir selbst war.
Gewöhnlich binde ich es zu einem Zopf, aber heute lasse ich es locker fallen, warum weiß ich nicht.
"Gehen wir zu dem anderen Markt."
Ich gehe mit dem Mann und sehe, daß er beruhigende, große Schritte macht.
Wir verlassen den breiten Sandweg und biegen in eine Halle ein.
"Der Geruch", stammele ich.
Ich kann nicht mehr atmen. Ich bleibe stehen, als hätte ich einen Schlag ins Gesicht bekommen. Die Gerüche, die gegen mich prallen, sind schwül und schwer. Sie sind so außerordentlich fremdartig, daß ich mich selbst fremd fühle inmitten des Geruchs und inmitten der dunklen Menschen. Ich bekomme plötzlich Angst, als stürzten die Gerüche über mich, und ich würde, erstickend, unter ihnen begraben. Ich drehe mich um und renne aus der Halle, Menschen zur Seite drängend, durch das Tor mit den Zinnen.
Als ich an den Bus lehne, der im Schatten steht, glaube ich, einer Bedrohung entronnen zu sein.
Langsam weicht die Angst. Als ich mich wieder besinne, kommt mir sonderbarerweise der Gedanke, daß das Laufen mich befreit hat, ja daß es mir gutgetan hat.
Ich denke daran, daß ich als Kind gerne lief und die Erschöpfung danach genoß.
Obwohl viele Menschen auf der Straße sind, und es laut ist, höre ich den Lärm nicht, sondern spüre eine wunderbare Ruhe, an das glatte Blech des Autos gelehnt.
Ich sehe den Fahrer auf mich zukommen. Er ist mir nachgeeilt, eilig, aber nicht aufgeregt.

"Dieser entsetzliche Geruch", sagt er und öffnet die Wagentür.
"Es sind die starken Gewürze, die Sie nicht kennen. Man muß sich daran gewöhnen. Ich habe schon einige aus der Halle flüchten sehen. Wenn man daran gewöhnt ist, möchte man es immer wieder riechen."
Seine Stimme ist tief und ruhig. Er sieht auf die Straße und ich glaube, daß er es tut, damit ich mich nicht von ihm beobachtet fühlen muß.
Ich möchte jetzt niemanden sehen und auch von niemandem gesehen werden. Aber dieser Mann hat etwas angenehm Teilnehmendes, das seltsam entfernt ist.
Er scheint, während er spricht, mit anderem beschäftigt, das mehr Größe hat als mein kleinliches Versagen vor einem fremden Geruch. Er hat nichts Herablassendes, aber er hat eine strenge Würde, denke ich, gegen die das Alltägliche gering erscheint.
"Sie sprechen ausgezeichnet deutsch", sage ich, während meine Angst abebbt.
"Ich habe in Deutschland studiert", sagt er. "Möchten Sie, daß ich Sie zurückfahre?"
"Ja."
Wir sprechen nicht während der Fahrt.
Am Abend kommt Julia.
"Frage nicht", sage ich. Sie streicht mir über den Kopf, und ich werde unter dem Streicheln klein wie ein Kind.
Am nächsten Tag gehe ich wieder in die Dünen. Ich gehe die darauffolgenden Tage in die Dünen und sitze zwischen den Sandhaufen wie zwischen großen Brüsten. Sie schützen mich.

Manchmal kommt ein Kameltreiber vorbei; sie haben in der Nähe ihren Sammelplatz. Ich sehe gerne den stolzen Tieren zu, wie sie erhohenen Hauptes am Strand entlanggehend, ungerührt die Albernheiten ihrer Reiter ertragen.
Ich höre die Musik aus den Hotellautsprechern, aber sie berührt mich nicht.
Manchmal kommt Julia vorbei. Sie hat irgendwann mein Versteck entdeckt. Schweigend setzt sie sich neben mich.
"Es gibt eine Show heute abend", sagt sie eine Tages.
"Ich mag keine Shows."
"Auf jeden Fall werden wir die Musik hören. Die Show wird am Pool veranstaltet."
"Dann gehe ich fort."
"Wie du willst".
Sie verläßt mich. Sie ist ärgerlich, aber es ist mir gleichgültig.
Am Abend höre ich die Musik. Julia ist unten am Pool. Ich ziehe mich an und verlasse das Zimmer. Ich nehme einen Weg, der hinter dem Hotel entlangführt und von wo ich auf die Hauptstraße gelangen kann. Die laute orientalische Musik verfolgt mich, bis sie im Lärm von Autos und diesen kleinen ratternden Motorrädern, die es hier überall gibt, untergeht. Ich gehe die Straße entlang, wo all die schönen weißen Hotels stehen. Der Abendhimmel senkt sich sanft über sie. Braungebrannte Hotelgäste in Abendkleidung sitzen in den Gartenrestaurants oder spazieren auf der Straße. Man lacht und winkt. Es scheint ein abendliches Ritual zu sein, von dem ich ausgeschlossen bin. Man zeigt seine Bräune und seine festliche Kleidung. Ich trage Jeans, derb und verwaschen, und ein weites Hemd.

Ich laufe schnell, und mein Haar wippt auf und nieder. Es hat keine Anmut.
Bald komme ich zu einem Parkplatz, der nicht festlich erhellt ist wie die Straße. Ein lahmender Hund streicht umher. Die eitle Welt verliert sich hier, und ich sehe, daß es die Straße ist, die wir nach Inezgane gefahren sind. Ich bin müde und möchte eigentlich nicht weiterlaufen. Auch komme ich mir plötzlich verlassen vor, wie ein zurückgelassenes Kind. Aber als ich an die laute Musik denke, trotte ich weiter.
Die Straße steigt steil an. Vor ein zerfallenes Haus, das wie ein Würfel in der Landschaft liegt, hat man Tische und Stühle gestellt. Ich setze mich an einen der eisernen kleinen Tische und bestelle bei einem erstaunten Kellner einen Thé à la menthe. Ich bin der einzige Gast, und ich bin eine Frau. Das scheint den mürrischen Kellner in diesem verlassenen Wirtshaus zu erstaunen.
Aber ich bin kein lohnendes Objekt der Neugierde, denn nach einigem Tischerücken und Wischen verschwindet der Mann im Haus. Ich sehe auf die erleuchtete Hotelstadt unter mir. Ihr Licht kommt in kleinen, müden Strahlen bei mir an. So war es immer, in den letzten Jahren. Ich saß im Dunkeln und sah auf Lichter, die mich nichts angingen. Fred und ich hatten genug Licht, daß es für ein Leben reichen konnte. Doch dann kam die Krankheit, und aus uns Lichtbündeln wurden matte, graue Gestalten. Ich begann die Traurigkeit zu hassen, und dann haßte ich Fred und mich, weil ich zu der Gemeinheit fähig war, aber irgendwann hatte ich selbst für den Haß keine Kraft mehr und war beinahe tot wie er.
Nun ist diese Stille um mich. Aber die Stille beginnt mich

zu ängstigen. Irgendwann, während ich auf die Lichter vor mir starre, fühle ich mich entsetzlich allein. Ich lege ein paar Münzen auf den Tisch und flüchte mich ins Helle.

Als ich die Straße zum Hotel hinuntergehe, sehe ich Julia mir entgegenkommen. Sie winkt, und ich winke zurück.

"Ich habe einen Spaziergang gemacht, um der Musik zu entfliehen", sage ich, als ich bei ihr ankomme. "Aber dann konnte ich es nicht mehr ertragen, allein zu sein."

Sie sieht mich prüfend an.

"Die Show war gut", sagt sie dann, "kein Touristenquatsch. Richtig schöne Folklore."

Aus einer Bar dröhnt Musik. Ich fühle einen Augenblick, daß Lärm mir guttun könne nach der Stille, aber dann nehme ich Julias Arm und wir gehen zum Hotel zurück, das blauweiß im Mondlicht steht.

Am nächsten Tag fährt Julia mit der dicken Frau zum Kamelmarkt in den Süden. Ich packe Sandwiches, die ich mir in der Küche habe richten lassen, in meinen Rucksack und wandere am Strand entlang zu den Dünen.

Es ist früh am Morgen, und der weite braune Strand ist menschenleer. Die auslaufenden Wellen umspielen meine nackten Füße.

Ich habe plötzlich Lust, ins Wasser zu tauchen. Ich lasse meine Sachen am Strand zurück und gehe nackt ins Wasser. Es ist herrlich, das kühle Wasser überall zu spüren. Ich plansche wie ein Kind, tauche unter und komme prustend wieder hoch. Dann überspringe ich die Wellen und lasse mich von ihnen wieder zum Strand werfen. Ich kann mich nicht erinnern, wann ich das letzte Mal Spaß an einem Spiel hatte.

Der Mann muß schon länger dastehen. Ich habe ihn nicht kommen sehen. Er steht aufrecht da und sieht zu mir herüber. Ich halte inne, und er beobachtet mich.
Ich tauche bis zum Hals ins Wasser und streiche mit den Armen über die Oberfläche. Ich bin ärgerlich über diesen Mann und seinen aufdringlichen Blick; ich will nun sehen, wer das Beobachten länger aushält.
Ich bin trotzig; ich war lange nicht trotzig gewesen. Dies ist ein Kampf der Augen, und ich will ihn gewinnen. Ich habe lange nicht gekämpft und lange nicht gewonnen.
Ich gewinne schnell. Der Mann reckt seinen Kopf, und dann läßt er ihn sinken, als hätte er verstanden, daß ich ihn fordern wolle und er des Forderns müde wäre.
Die große braune Gestalt geht mit langen, ausholenden Schritten davon. Ich bleibe enttäuscht zurück, weil ich gewonnen habe, ohne Kampf.
Das Camp der Kameltreiber ist heute verwaist. Als ich auf der Kuppe der Dünen stehe, sehe ich, daß jemand in der Mulde sitzt, in der ich mich gewöhnlich verkrieche. Als ich näher komme, sehe ich, daß der Mann betet. Er hat einen kleinen roten Teppich vor sich und kniet darauf und beugt ein paarmal schnell den Rücken, Worte murmelnd. Er ist ganz hingegeben an sein Beten.
Ich störe, aber es gelingt mir nicht taktvoll zu sein. Ich stehe da und sehe auf den Betenden und beneide ihn, weil er etwas sehr lieben und dafür alles andere vergessen kann, nur für einen Augenblick.
"Ich habe Sie kommen sehen", sagt er, sich zu mir aufrichtend.
"Ich war leise."

"Ja, aber Ihr Schatten hat Sie verraten."
"Sie sind wohl überall, wo ich bin. Verfolgen Sie mich?" frage ich ärgerlich.
"Nun, ich denke, es ist umgekehrt dieses Mal. Ich war früher hier als Sie, nicht wahr?" In seiner Stimme ist kein Vorwurf. Er lächelt.
Ich habe ihn nie lächeln gesehen, und sein Gesicht wird ganz weich dabei.
"Dies ist mein Platz," sage ich.
"Verzeihen Sie, aber es ist auch mein Platz." Er scheint amüsiert über mein trotziges Beharren. Das vertreibt meinen Ärger. Er rollt den kleinen Teppich auf und steckt ihn in eine Plastiktüte. Dann will er davongehen.
"Ich bin kindisch. Bitte bleiben Sie. Ich kann auch woanders hingehen. Es ist ganz gleichgültig, wo ich bin."
"Nein, ich möchte Sie nicht stören. Ich habe nachher eine Fahrt nach Marrakesch. Ich komme hierher, um allein zu sein und zu beten. Bitte bleiben Sie."
"Es ist Platz hier für zwei Menschen, nicht wahr?" sage ich, ein wenig beschämt.
Wir sitzen nebeneinander und sehen aufs Meer. Der Strand belebt sich, und ich höre von nebenan die Rufe der Kameltreiber.
"Wo liegt Mekka?"
Er deutet in die Richtung.
"Waren Sie einmal da?"
"Ja, vor zwei Jahren. Es ist ein Glück, als junger Mensch hinfahren zu können."
Ich sehe ihn an. Sein Gesicht, das wie eine Maske war, ist lebendig geworden.

"Es bedeutet Ihnen viel."
"Ja, ich bin dankbar, daß ich glauben kann. Es gibt dem Leben einen Wert."
Ich blicke plötzlich neidisch auf ihn. Da ist jemand, der einen Schlüssel zum Leben hat. Was kann ihm schon passieren?
"Müssen Sie täglich beten?" frage ich.
Sein verzaubertes, hingebungsvolles Gesicht wird plötzlich ganz heiter.
"Der liebe Gott ist doch kein strenger Vater, vor dem man strammstehen muß. Ich bete gerne und ich bete jeden Tag. Fünfmal am Tag."
Er lacht, und ich stimme in sein Lachen ein. Sein Lachen ist glücklich, ein Lachen von jemand, der sich eingerichtet hat und darüber zufrieden ist. Mein Lachen ist ein wenig verlegen, weil ich eine kindische Frage gestellt habe.
Ich würde es bedauern, wenn er nun nichts mehr erzählte, von sich und seinem Beten. Wenn ich ehrlich bin, gefällt es mir, wie er alles erzählt, mit der dunklen Stimme und dem sorgsam gewählten Deutsch.
"Ich wiederhole mich, aber Sie sprechen ein ausgezeichnetes Deutsch."
"Nun, ich habe Literaturgeschichte in Deutschland studiert. Da kam es darauf an, gepflegt zu sprechen. Und bei mir achtete man besonders darauf."
Wiederum lächelt er, und es steht ihm wirklich gut zu Gesicht. Es vertreibt das Dunkle, Unnahbare.
"Sehr anspruchsvoll für einen Ausländer."
" Nun, ich bin ein Goethe-Fan. Das ist ungewöhnlich, aber meine Großmutter lebte lange in Deutschland, und sie las

mir als Kind Goethe vor. Es klang sehr fremd, aber ich genoß es. Ich verstand nicht viel, aber ich liebte die Melodie der Sprache. Als ich verstand, liebte ich Goethe und die Sprache."
Er erhebt sich langsam. Seine Bewegungen sind langsam, aber nicht träge. Sie sind, in irgendeiner Weise, würdevoll. Auch dieses lange steife Gewand aus Wolle mit der Kapuze gibt ihm etwas Würdevolles.
"Wie heißt diese Kleidung?" frage ich.
"Es ist der Burnus. Ganz praktisch für die kühlen Abende und Nächte. Am Tag tragen die Männer hier die Djellabah, das ist eine Art bodenlanger Kaftan."
Ich möchte ihn mehr fragen, aber nicht um zu erfahren, sondern um länger diese Stimme zu hören.
"Übrigens, verzeihen Sie", sagt er beim Weggehen, "Ich war es vorhin, der Sie am Strand beobachtet hat."
"Ich weiß. Warum?"
"Ich fürchtete, Sie würden wieder leichtsinnig sein und hinausschwimmen."
"Nein, das ist vorbei."
"Das ist gut so."
Ich lege mich in den Dünensand, und er umfließt mich. Mein Haar liegt auf dem Sand ausgebreitet, und es ist wirklich golden.

"Warum fahren wir nicht noch einmal nach Marrakesch? Ich habe nichts davon gesehen", frage ich Julia am Abend, als sie müde und staubig von ihrer Tour zum Kamelmarkt zurückkehrt. Sie sieht mich erstaunt an.
"Es ist anstrengend. Man fährt stundenlang. Ich möchte es

nicht noch einmal machen."
"Ich werde fahren", antworte ich.
"Mit Mohammed?"
"Ja, ich werde ihn fragen."
Sicherlich komme ich ihr rätselhaft vor; ich bin mir selbst rätselhaft. Ich schwanke zwischen Tun und Nichttun, Reden und Schweigen, Lachen und Weinen. Ich fühle, daß etwas von früher zurückkommt, etwas, das lange vergessen war, etwas, das noch ein Pflänzchen ist, aber wachsen will, wachsen gegen das Schweigen und die Traurigkeit.
Am nächsten Morgen bin ich in den Dünen, aber nicht zur Zeit, da ich den Mann dort vermute. Während der Nacht sind Marrakesch und mein Mut in weite Ferne gerückt. Ich habe keine Kraft, sie zurückzuholen. Manchmal schwimme ich im Meer, aber ich kämpfe nicht gegen die Wellen. In den Dünen ist es einfacher.
An einem Morgen bin ich früh in den Dünen. Ich sehe den gebeugten Rücken.
"Ich möchte mit Ihnen nach Marrakesch fahren."
Er sieht mich lange an. Aber es ist nichts in seinem Blick, das eine Erklärung verlangte.
"Heute werde ich Zeit für Sie haben", sagt er. "Außer Ihnen wird nur noch ein älteres Ehepaar mitfahren, das Marrakesch gut kennt und auf eigene Faust erkunden will."
"Wann starten wir?"
"Gleich, wenn Sie wollen."
Über die Hügel des Atlas-Gebirges kriecht langsam der Tag und enthüllt die blauen Hügel. Ich habe seit Stunden nichts anderes gesehen, als die schmale graue Straße, die die sanften Hügel durchschneidet. Ich habe auch Mohammed, der

neben mir sitzt, nicht angesehen, und er hat nicht zu mir gesehen. Wir schweigen, wie diese Landschaft schweigt. Nicht oft kam ein Wagen vorbei. Jeder blieb für sich, und ich fühlte mich gut, das Schweigen des anderen neben mir zu haben.

Ich höre gern, wenn die Gangschaltung klickt, und wenn vom Fond Schlafseufzer und leichtes Schnarchen kommen. Das Ehepaar war schon kurz nach der Abfahrt eingenickt. Das Schweigen schafft mehr Nähe als Worte.

Ich weiß nicht, warum er mir angenehm ist, warum es angenehm ist, ihn neben mir zu fühlen. Ich weiß so wenig von mir und von anderen. Ich habe keine Übung mehr mit Menschen; er verbrauchte alles von mir für sich.

"Hinter der nächsten Kurve gibt es einen Rastplatz und guten heißen Tee," sagt Mohammed in die Stille.

"Ja, das ist gut", antwortet der Mann aus dem Fond plötzlich munter, "das kann man nun gut gebrauchen."

Auf dem Rastplatz schlägt uns eisige Kälte entgegen. Ich friere. Ich habe nichts an als das dünne T-Shirt. Ich sehe Mohammed im Wagen kramen, und er kommt mit einer dicken Jacke.

"Es ist sehr kalt morgens in den Bergen", sagt er.

Er hilft mir in die Jacke, stülpt die Kapuze über meinen Kopf und schließt den Reißverschluß. Er kleidet mich an wie ein Kind.

Als er mein Haar unter die Kapuze schiebt, fühle ich seine Hände. Um uns quellen Menschen aus großen Bussen, spazieren lachend, essend umher.

Ich bin bewegungslos. Ich wünsche plötzlich nichts mehr, als diese Hände auf mir zu spüren. Er streicht mir über die

Schulter, als wolle er prüfen, ob die Jacke gut sitzt. Seine Hände bleiben auf mir liegen, und er sieht mich lange an.
"Der Kälteschock", sagt die Frau lachend neben mir, "man glaubt es kaum nach der Hitze tagsüber. Aber Mohammed hat Erfahrung mit frierenden Touristinnen. Er hat immer eine warme Jacke dabei, für alle Fälle."
Sie ist eine alte Frau. Aber ihr Lächeln ist anzüglich wie jenes der Dicken in Inezgane.
Ich gehe sehr schnell zum Restaurant. Die Halle ist düster und vollbesetzt.
Ich setze mich auf einen Hocker an der Bar. Sofort stehen zwei Tabletts mit Tee vor mir und eine Schale mit gelbem Olivenöl und Brot.
"Es gibt nichts Besseres als heißen Tee am Morgen und das da." Mohammed ist hinter mich getreten, nimmt nun von dem Brot und taucht es in das Öl. Er füttert mich. Es schmeckt herrlich, eine einfache, natürliche Köstlichkeit.
"Und nun den Tee."
Er hält mir das Glas Tee hin. Der heiße Tee fließt durch meinen Körper, macht mich warm und wohlig. Ich fühle mich behaglich auf diesem klapprigen Hocker, inmitten der Menschen, inmitten der Rauchschwaden, mit diesem Mann, der hinter mir steht und nun fröhlich mit dem Barkeeper plappert.
"Ich habe Erfahrung mit frierenden Touristinnen, aber ich pflege sie nicht anzukleiden", sagt er plötzlich, während er mit dem Barkeeper spricht, und sieht mich nicht dabei an. Es ist ohne Bedeutung, aber warum bin ich froh darüber?
Wir kommen zu einem großen Platz, auf dem Gruppen von Menschen stehen. Mohammed fährt in eine Garage an der

Seite des Platzes. "Später treffen wir uns hier, wie üblich," sagt er zu dem Ehepaar, das die Treppe zu einem Restaurant hinaufsteigt.
"Sie haben Erfahrung", sagt er dann zu mir, "diese Restaurants gibt es rund um den Platz, und man kann hier bei einem Drink den Platz übersehen. Möchten Sie das auch?"
"Nein, ich ziehe es vor, mittendrin zu sein."
Ich bin überrascht, daß ich nicht beiseite stehen und von weitem zusehen möchte. Ich will mitten in diesem Leben sein, wie früher.
"Es ist ein berühmter Platz", erzählt Mohammed, während wir darauf zuschlendern. "Er heißt Djemaa el Fna und ist der Mittelpunkt der Medina. Alle Touristen, die Marrakesch besuchen, kommen hierher und sehen sich die Feuerschlukker und Schlangenbeschwörer und Märchenerzähler an. Es ist sehr orientalisch."
Es gefällt mir, wie er davon spricht, mit Stolz und Würde. Er führt mich zu den Feuerschluckern und Schlangenbeschwörer, um die Fremde und Einheimische staunend stehen.
Es ist früher Morgen, und der Platz beginnt erst, sich zu beleben. Mohammed erklärt mir, daß jeden Abend der Platz schwarz von Menschen sei und es kein Durchkommen gäbe. Es sei auch die Zeit der Diebe.
Er deutet auf verschiedene Straßen, die zu den Souks und in die Neustadt führen. Er zeigt auf ein Minarett, das zur Koutoubia-Moschee gehört. Er ist ein eifriger Führer, und er amüsiert mich. Ich vergesse schnell wieder, was er sagt, aber die Stimme vergesse ich nicht.
Wir gehen durch diesen erwachenden orientalischen Jahr-

markt, und Mohammed wehrt die bettelnden Kinder ab. Er ist freundlich und die Bettler lassen uns in Ruhe. Die Bettler stören mich nicht mehr. Ich bleibe lange vor den Märchenerzählern stehen, die mit großen Gesten ihre Worte unterstreichen, die ich nicht verstehe. Sie geben ein großartiges Schauspiel ab, und ich bin fasziniert wie jene, die verstehen. Sie lauschen wie Kinder, und auch Mohammed hat ein kindliches Gesicht. Es ist ein seltsamer Gegensatz zu seiner Würde.

Es ist heiß, und ich bin durstig. Unter einem zerflatterten Schirm sitzt eine Frau und schenkt Tee aus.

"Ich möchte dasitzen und von dem Tee haben", sage ich.

Es ist gut, hier zu sitzen inmitten des Platzes, unter einem kleinen Schatten, mitten in diesem fremden Leben.

Die Frau gibt mir von dem Gebäck, das sie auf einem Teller hübsch dekoriert hat, und ich habe den größten Frieden seit langem. Das kommt auch von diesem Mann, der ruhig neben mir sitzt und seinen Tee trinkt und mich ansieht, und dessen Blick ich gerne fühle.

"Ich bin hier geboren, dahinten, man kann den Giebel des Hauses sehen", sagt er und zeigt in eine Richtung. "Dort beginnen auch die Souks. Möchten Sie sie sehen?"

"Ja", sage ich lächelnd, "ich habe noch etwas zu besiegen."

Ich bin gefaßt auf diesen schweren Geruch, aber er kommt mir sanft entgegen, denn die Marktstraßen, in die wir eintauchen, sind größer als jene in Inezgane. Obst, Gemüse und Gewürze türmen sich zu beiden Seiten der engen Gassen. Ein Menschengetümmel ohnegleichen, ein Farbenrausch ohnegleichen. Ich habe neben dem Geruch nun auch dieses zu bestehen. Ich bestehe es mit dieser Hand, die meine erfaßt hat.

"Man geht hier schnell verloren", sagt er.

Ich weiß nicht, ob dies zu seinen Aufmerksamkeiten für Fremde gehört, aber ich glaube nicht.

Kleine Läden, aus den die Waren und Menschen quellen und ein Gewirr von Straßen, das niemand übersehen kann. Pyramiden aus Orangen und Säcke mit Nüssen und Mehl. Früchtekörbe und Gemüseberge. Lärm und Palaver, die dringlichen Rufe der Händler, der schwere Duft der Gewürze und Kräuter. Es ist lautes, schnelles Leben, es nimmt mich von vorn, und ich möchte ihm nicht ausweichen.

Meine Knie zittern, weil ich das nicht mehr gewohnt bin, aber ich habe diese Hand, die mich stützt.

Man kennt Mohammed. Den großen Mann, der das Menschengetümmel überragt, erreichen Rufe und Winke.

Oft bleiben wir an einem Stand stehen, und er erklärt mir die Sorten der Gewürze.

"Wir Marokkaner haben Talent zum Würzen von Speisen", sagt er stolz, "es gibt ein Gewürz, das Ras el Hanout heißt und aus siebenundzwanzig verschiedenen Gewürzen zusammengesetzt ist. Lieben Sie die marokkanische Küche?"

Ich bringe es nicht fertig, ihm zu sagen, daß ich bisher aß, um meinen Hunger zu stillen, und daß ich vergessen habe, wie es schmeckte.

"Ja, aber ich kenne sie zuwenig", antworte ich.

Wir essen Orangen, die ein Händler uns freundlich in die Hand drückt und knabbern Nüsse, die Mohammed gekauft hat.

Vor uns öffnet sich das Reich der Tuchfärber. An Seilen über die Gasse gespannt, hängen Tücher in schönen, kräfti-

gen Farben. Dann biegen wir in eine Straße, aus der Geruch von gebratenem Fleisch kommt.
"Frisches Hammelfleisch, eine Sonntags-Delikatesse. Probieren wir's?"
"Ja."
Ich habe Lust, alles zu probieren, zu riechen, zu sehen. Auf einem blankgewetzten Holztisch schneidet ein Metzger geschickt mundgerechte Stücke aus einem dampfenden Hammelteil. Ein zweiter packt sie in Papier und reicht sie den Käufern. Eine Schlange von Menschen hat sich vor dem Stand gebildet. Mohammed und ich warten geduldig.
Ich genieße den würzigen Geruch des Fleisches.
Dann sind wir an der Reihe. Mohammed reicht mir ein heißes Stück Fleisch. Es ist zart und schmeckt köstlicher als alles Fleisch zuvor.
Die Leute um uns beobachten mich interessiert.
Mohammed sagt lachend: "Es gibt wenige Fremde, die es mögen."
"Warum", frage ich, "es schmeckt herrlich."
"Sie ziehen es vor, im Restaurant zu essen. Hier ist es ihnen zu primitiv."
"Es ist einfach, aber sauber", antworte ich.
Mohammed sieht mich an, dankbar, glaube ich. Ich weiß nicht, wer er ist und wie seine Blicke sind und was seine Gesten bedeuten. Ich möchte auch nicht darüber nachdenken. Ich fühle mich gut hier neben ihm, während ich das zarte Hammelfleisch genieße und die freundlichen Blicke der Menschen erwidere.
Ich fühle mich, zum ersten Mal, seit Jahren wieder zugehörig, keiner besonderen Person zugehörig, doch dem Ganzen,

das man Leben nennt.
"Ich möchte ein buntes Tuch für Julia kaufen", sage ich fröhlich zu Mohammed, und wir gehen davon, beschwingt wie Kinder.
In der Tuchfärbergasse kaufe ich ein blaues Tuch mit rotem Ornament. Später bewundere ich die Seidengewänder, die die Frauen tragen. Ich liebe es, in den zarten Stoffen zu wühlen, sie zu greifen.
Während Mohammed und der Besitzer des Ladens sich zu einer kleinen Unterhaltung abwenden, halte ich ein rosafarbenes Kleid an einem halbblinden Spiegel vor mich. Der Spiegel gibt ein Lächeln zurück. Ich habe das lange nicht getan. Ich hatte für solche kleinen Vergnügen lange keinen Sinn.
Früher, glaube ich, war ich eitel, ein zierliches Ding mit blonden Haaren, das man bewunderte. Und nun ist da plötzlich jemand, der vor mir steht, den ich nicht habe kommen hören und mich ansieht, als habe er Bewunderung. Und ich kann es nicht glauben.
"Laß uns in eines der Restaurant, hoch über dem Platz gehen", sage ich schnell. "Ich bin müde."
Der Platz ist voller Menschen. Ich sehe in den Himmel, der abendrot darüber hängt. Ich sitze still über dem Lärm, und in mir sind Laute und Rufe, die ich lange nicht hörte. Der Mann neben mir ist still wie ich. Aber zwischen uns weht etwas, das jenseits von Stille ist. Ich kann es nicht ergründen, ich kann es nicht benennen.
Er entfernt sich.
Als ich mich nach einiger Zeit umdrehe, sehe ich ihn in einer Ecke des Restaurants auf dem Teppich knien und beten.

Obwohl er sich von mir entfernt hat, ist er mir nah.

Wir schweigen, als wir durch die Nacht zurückfahren. Im Zimmer brennt noch Licht. Julia hat auf mich gewartet. Sie sitzt vor einer Kerze und bläst den Zigarettenrauch ins Feuer. Sie widmet sich dem Rauchen und dem Warten, und ich habe plötzlich eine heftige Liebe zu ihr, weil sie sich mir gewidmet hat in diesen und anderen Stunden, und ich es hochmütig vergessen habe.
Ich schenke Wein ein und zünde mir eine Zigarette an, und der Rauch meiner Zigarette fängt sich mit dem ihren über der Kerze.
"Sie sind anders, die Souks von Marrakesch", sage ich. "Ich glaube nicht, daß man daraus flüchten muß. Ich glaube, man kann den Duft der Souks lieben."

Wir lächeln und gehen zu Bett, nachdem die Kerze niedergebrannt ist.

Silhouette

Das Boot sprang über Wellen, die, schwarzblau, sich zu Bergen türmten oder Täler schufen, in denen das Boot sich verlor. Jennifer war nicht ängstlich; sie hatte Spaß an dem Auf und Nieder des Bootes. Das Hüpfen auf Wellenbergen und das Absteigen in Wassertäler machte sie fröhlich, als säße sie auf einer Kinderschaukel. Sie saß auf dem Oberdeck, neben dem Kapitän, der ernst das Steuerrad drehte und starr geradeaus sah. Sie hielt sich fest an den Haltestangen, die ringsum angebracht waren und stieß ihr Gesicht dem Wind entgegen, der ihr fast den Atem nahm.

Das Boot war ein Motorsegler. Das Segel hatte man eingeholt. Nun trieb die Kraft der Maschine das Boot stetig durchs tosende Wasser. Am Heck des Bootes waren zwei Drehstühle angebracht, mit einer Halterung für Angelruten. Touristen benutzten das Boot auch zum Hochseefischen, und sie hofften, einen Blue Marlin zu fangen, einen, wenn möglich, so groß wie jener von 300 Kilogramm, den ein Engländer hier vor Jahren gefangen hatte, und der nun präpariert und stolz in der Eingangshalle eines Hotels auf der Hauptinsel hing.

Die Passagiere, eine Familie mit zwei Jungen, ein älteres Ehepaar, drei junge Männer und eine alte, dunkelhäutige Frau mit einem Berg von Taschen, in deren Mitte sie wie ein gutmütige Glucke saß, hatten im Kabinenraum des

Schiffes Platz genommen. Mit Jennifer an Deck saß ein junges Mädchen, das ebenso heiter war wie sie. Sie lachten, wenn das Boot in ein Wellental glitt und ihnen ein Kribbeln durch den Magen fuhr. Jennifer liebte es, leicht zu sein wie ein Kind, sich der Freude des Augenblicks zu widmen. Die warme Luft und die Sonne lagen auf ihrer Haut, wie etwas, das zu ihr gehörte. Sie verbrannten sie nicht.

Auch damals war Jennifer fröhlich gewesen, als die anderen längst besorgt gewesen waren und das immerwährende Lächeln auf den Gesichtern langsam verschwand. Sie waren mit einem Segelboot hinübergefahren. Es war die Zeit, als es noch keine Motorboote auf den Inseln gab. Wie üblich hatte man Proviant und Wasser an Bord genommen, zur Vorsorge, denn oft war es vorgekommen, daß der Wind das Boot abgetrieben hatte und es tagelang unterwegs war. Aber meistens schaffte das Fährboot, das einmal in der Woche fuhr, die Fahrt in wenigen Stunden. Damals waren sie vier Tage unterwegs gewesen. Der Proviant war knapp geworden, und das Wichtigste, das Wasser, ebenso. Einige hatten angefangen zu beten. Als das Wasser nahezu verbraucht war, drehte der Wind. Sie erreichten die Insel am Abend des vierten Tages. Jennifer hatte keine Angst gehabt. Sie war jung, und es war ein Abenteuer. Immer wieder hatte sie auf die Insel, die sich vor ihr erstreckte, gesehen und sich dringend gewünscht sie zu erreichen. Bisher hatte sie immer bekommen, was sie sich gewünscht hatte. Einen Wunsch zu haben war wie eine Energie aussenden. Das Leben und die Philosophien sind einfach, wenn man jung ist.

Warum bin ich zurückgekommen? Das Boot auf den Wellen

tänzelte über ruhigeres Wasser und Schaum stand auf den Kronen wie Spitzenbänder. Manchmal schossen Fische aus dem Wasser. Eine Zeitlang begleitete ein Delphinenschwarm das Boot. Warum stelle ich Fragen. Tue und vergesse. Wie immer, dachte Jennifer, das ist das Beste.

Über der Insel, die das Boot anstrebte, lag ein grauweißes Wolkengebirge, das die Gipfel der Berge berührte. Über allem lag grauer Dunst. Dann, langsam, schälte sich die Insel aus dem Dunst hervor, zeigte den waldbewachsenen Berg mit hellem und dunklem Grün, die Palmen, die hoch in den Bergen standen.

Das Boot näherte sich dem Riff, das die Insel wie einen Gürtel umgab.

Die Motorengeräusche erstarben. Zwei kleine Boote mit Außenborder kamen näher, schlängelten sich durch die Riffketten wie geübte Slalomläufer. Das Fährboot hatte inzwischen Anker geworfen. Eines der Boote nahm die Passagiere auf, in das andere wurde das Gepäck geladen. Die alte Frau sah mißtrauisch dem Beladen zu.

Ein dunkelhäutiger Mann in zerschlissenen kurzen Hosen sagte:

"Wir haben Übung darin. Wir vergessen nichts."

Die Schwarze war mißtrauisch und blieb aufrecht im Boot stehen, bis alle ihre Taschen verstaut waren. Die anderen warteten darauf, niemand drängte.

Nun ist die Ruhe da, dachte Jennifer, die Ruhe kommt, wenn du die Insel siehst, ihre Schönheit, wie sie stolz und hoch aus dem Wasser steht gegen den Himmel, wie sie grünstes Grün gegen das blauste Himmelsblau stellt. Ruhe, wenn du den Wind spürst und auf dem weichen Inselboden stehst.

Ich hatte nie weicheren Boden unter den Füßen als hier, gleich, ob ich auf den Waldwegen der Insel ging oder in dem weißen Sand am Strand. Ich hatte nie diese Ruhe, bevor ich auf die Insel kam. Sie ist anders als Ruhe irgendwo. Es ist die Ruhe der Beharrlichkeit. Ich beharre darauf, den Sand zu fühlen und den Wind und verharre dabei und alles ist gut. Der Sand ist weich und pudrig. Leben ist Vergessen, Vergessen ist Erneuern. Aber Behalten ist auch Erneuern. Wie hatte ich sie vergessen können, die Schönheit und Weichheit. Ich hätte mich daran erinnern können, in den letzten Jahren, und es hätte manches einfacher gemacht. Aber ich hatte vergessen, weil ich das andere vergessen hatte. Ich bin nicht für halbe Sachen, wenn ich vergesse, vergesse ich, und wenn ich liebe, liebe ich. Ich bin so ordentlich, das einzuteilen; eine Zeit folgt auf die andere, und wenn das Bedauern nicht kommt, kann man damit gut leben. Warum sollte ich jetzt Bedauern haben, nein, ich bin da und habe nun das Weiche und Sanfte, und es gab eine Zeit, da hatte ich es nicht.

Das kleine Boot erreichte den Strand. Jennifer sprang aus dem Boot, als das Meer sich zurückzog, eine neue Welle zu bilden. So muß man es machen, nicht mit der Welle aussteigen. So machten es Touristen und wurden klatschnaß dabei. Der alte Fischer lächelte ihr zu. Sie hatte schon im Boot ihre Schuhe ausgezogen. Nun stand sie in dem weichen Sand und preßte ihre Füße hinein und ließ das Wasser um ihre Füße kräuseln. Das Wasser war warm und türkisfarben in der Nähe des Strandes, und weiter draußen, unter dem

dunklen und hellen Blau, verbarg sich die ruhige Welt der Fische und Korallen. Es ist gut, hier zu stehen, diese Zärtlichkeit zu spüren. Jennifer breitete die Arme aus, und ihr Lachen flog über den glitzernden weißen Sandsaum der Insel, über die schweren tiefgrünen Takamaka-Bäume, die ihre Äste über den Strand schickten und über die Palmen und die grünen Berge.
Jennifer hörte, wie das Lachen zurückkam. Von Menschen, die sich aus dem Dunkel der Bäume schälten und sie freundlich ansahen und in ihr Lachen einstimmten. Es waren Frauen und Kinder gekommen, um die Fremden zu begrüßen.
Die freundlichen dunklen, kreolischen Gesichter. Wie immer waren sie farbenfroh gekleidet und die Kinder lustig mit Zöpfchen und Spangen frisiert. Die Frauen schmückten sich gerne, aber sie waren nicht eitel, sie hatten einen Sinn für Schönheit und hatten Spaß an ihr. Ihre nackten Füße vergruben sie spielerisch im warmen Sand, und Jennifer wußte, daß sie diese Zärtlichkeit genossen wie sie selbst. Natürlich, dachte Jennifer, macht es einen Unterschied, ob man auf weichem Untergrund steht oder auf harten Straßen geht. Ich ging zu lange auf Straßen. Ihre Füße spielten im Sand, und der Wind spielte mit den bunten, leichten Tüchern, die die Frauen um die Hüften trugen. Die Frauen waren sehr schlank und groß. Das gab ihnen Würde, aber es war keine abweisende Würde.
Eine junge, besonders hübsche Frau trug ein Tablett mit Gläsern, die mit Hibiskusblüten verziert waren. Sie reichte jedem Gast ein Glas mit dem herben Saft von Passionsfrüchten. Alle tranken und lächelten. Auch die alte

Schwarze lächelte, inmitten ihrer Taschen, die sie wohlbehalten zurückbekommen hatte. Nachdem alle getrunken hatten, ging ein fröhliches Schwatzen los unter den Einheimischen, aber sie waren so freundlich, die Fremden mit Gesten und Blicken daran teilhaben zu lassen, obwohl niemand verstand. Sie sprachen das mit dem Französischen verwandte Kreolisch der ehemaligen Sklaven aus Afrika. Ein schweres, hartes Französisch. Es war seltsam, dies anzuhören, besonders für jemanden wie Jennifer, der Französisch verstand. Es klang wie eine Geheimsprache. Es war eine gewesen, als sie von afrikanischen Sklaven erfunden wurde, die den französischen Herren auf der Insel dienten. Nun waren die Nachkommen der Sklaven die Herren der Insel. Die Fremden hatten stummen Anteil an der Unterhaltung der Schwarzen, aber es schien, daß es ihnen genügte, statt der Worte die Heiterkeit und das Lachen zu verstehen.

Ein Wesen, schmal und weißhäutig, kam auf die Ankömmlinge zu, streckte jedem eine kleine weiße Hand entgegen und sagte:
"Ich bin Violetta, der Boß der Lodge. Herzlich willkommen auf unserer schönen Insel Silhouette. Es ist die schönste Insel der Seychellen. Ich sage Ihnen heute schon: Sie werden die Insel nicht vergessen. Sie werden wiederkommen. Die meisten kommen wieder." Die Gäste blickten amüsiert auf die kleine, weiße Frau. Sie war quirlig, europäisch, ein Kontrast zu den dunklen, bedächtigen Menschen hier
"Es stimmt", sagte Jennifer fröhlich, "ich bin zurückgekommen." Wen geht es etwas an? Aber diese kleine Frau sah heiter aus und sympathisch und schien die Insel so zu lieben, daß man seine eigene Liebe mit ihr teilen wollte.

"Englisch?" fragte Violetta.

"Ja."

"Ich bin Italienerin. Ich kann nicht Englisch, aber ich plappere drauflos und jeder versteht mich."

"Sie sprechen ausgezeichnet", antwortete Jennifer.

Violetta sah Jennifer an, und ihr Blick war freundlich und wohlwollend. Sie erlebte oft, daß sie Freundlichkeit erzeugte. Die Italienerin nahm Jennifers Arm und winkte den anderen Gästen, ihr zu folgen. Sie gingen über gepflegte Wege durch den tropischen Garten zum Haupthaus der Lodge.

Damals

Das Haus stand auf Steinsockeln, allein, auf einer kleinen Anhöhe in der Bucht. Seine Wände waren aus dem schweren, dunklen Holz der Insel gezimmert, das Dach war mit getrockneten Palmwedeln gedeckt. Das Haus hatte Lamellen-Fensterläden und eine Lamellen-Haustür, so daß der Wind durch das Haus ziehen und Kühlung bringen konnte. Vor dem Haus gab es eine geräumige Veranda. Das Haus war immer offen, offen auch für Menschen, aber es kam selten jemand zu Besuch. Hinter dem Hügel lag das Dorf, ein Dutzend Häuser, die meisten Hütten aus Wellblech, um die Kirche angeordnet, die hoch die Häuser überragte. Manchmal, wenn der Wind drehte, konnte man die Stimmen von Menschen hören. Aber es war nicht notwendig, Menschen zu hören. Es genügte, den Wind zu hören, der durch die offenen Türen und Fenster des Hauses zog, das leichte Klappern in den Palmkronen. Es war genug, das Klatschen der Wellen zu hören, wenn sie sich übermütig überschlugen wie Kinder, die Purzelbäume machen, und dann heftig auf den glatten Strand aufschlugen. Manchmal hörte man auch die Tauben gurren, kleine, zierliche Tauben. Doch die Tauben kamen selten, sie hielten sich im Dorf auf, wo mehr Nahrung für sie abfiel.

Der Giebel des Hauses, die Fenster, die Veranda, die kleine Holzfigur, die auf der Balustrade stand, die Hibiskusbüsche und Bougainvillea, die das Haus umrauschten, die Palmen mit ihren schlanken biegsamen Stämmen und die schweren Takamaka-Bäume, alles reckte sich, zeigte in eine Richtung, zum Meer. Das Meer strömte ungebremst von Riffen, die sonst die Insel umgaben, in die Bucht, schwarzblau und gewaltig weiter draußen, dann tintenblau und ruhiger, und endlich in warmen türkisfarbenen Schaumkronen ans Land.

Hätte man das Haus nicht auf Sockeln und einem Hügel erbaut, würde das Meer es verschlingen, wie es versucht, die gewaltigen Granitfelsen am Strand, die sich zu beiden Seiten der Bucht türmen, zu umschlingen, zu umspülen, zu überspülen, unter sich zu begraben und endlich zu besiegen. Das Meer ist stark, es läßt nichts unversucht, aber es ist ein Geringes gegen die Ruhe und Kraft der Felsen, die wie eine Herde steinerner Elefanten im Sand ruhen.

Wenn Jennifer morgens aufwachte, sie wachte oft sehr früh, kurz nach Sonnenaufgang auf, sah sie als erstes das Meer, und es war verlockend wie nie etwas vorher. Sie fühlte stark, wie das Meer sie rief, und im Gegensatz zu den Felsen, konnte sie ihm nie widerstehen. Sie sprang aus dem Bett, hüpfte über die Veranda und rannte mit ausgebreiteten Armen in die Wellen, die sie bereitwillig aufnahmen. Wenn sie in ihnen getobt hatte wie ein Kind, überließ sie es den Wellen, sie an Land zu bringen. Sie liebte es, das Ziehen in den Beinen, am ganzen Körper zu spüren, als zöge ein Krake. Wenn das Ziehen nachließ, gab es einige Augenblicke der Ruhe, dann war die Welle da. Sie war unter ihr, neben ihr, in ihr. Dann legte sie sich in die Welle, und die Welle hob sie hoch, als wäre sie eine Feder und warf sie kraftvoll an den Strand. Das liebte Jennifer, und sie quiekte wie ein Kind, und davon wurde James jedesmal wach. Sie sah ihn nie, aber sie wußte es. Sie konnte seine Blicke fühlen. Dann ging sie ins Haus und schlief noch eine Zeit, bis James zum Frühstück rief.

James gehörte das Haus an der Bucht. Er war ein Freund von Jennifers Vater. Obwohl sie ihn nie zuvor gesehen hatte, waren er und sein Leben auf der Insel ihr vertraut gewesen, seit sie ein Kind war, wie ihr eigenes Leben in dem Dorf im Norden Englands. James hatte Briefe geschrieben, in denen er sein Haus und die Insel beschrieben hatte. Er hatte auch Photos geschickt. Da James Schriftsteller war, konnte er alles anschaulich wiedergeben, so daß man alles vor sich sah. Jennifer erinnerte sich, daß sie aufgeregt war, wenn ein Brief aus den Tropen ankam. Alle in der Familie waren aufgeregt, wenn dieses Zeichen aus der weiten Welt kam in ihr graues Dorf. Sie erinnerte sich, daß ihr Vater stolz war auf seinen Freund, der es geschafft hatte, dem Dorf zu entkommen. Während die anderen die Briefe bald wieder vergaßen, blieben sie in Jennifers Gedächtnis wie ein zweites Leben. Diese Welt, diese heitere Schönheit und Leichtigkeit entsprachen ihr, rührten an ihrer eigenen Heiterkeit und Lebensfreude, die niemand besaß, den sie kannte. Die Leute im Dorf waren ernst und schwermütig. Jennifer haßte die grauen Gesichter und das Dorf. Sie sammelte die Briefe und Photos von der Insel in einer Truhe in ihrem Zimmer. Sie wünschte sich inständig, das Haus am Meer zu sehen, und sie sparte ihr kleines Taschengeld nur für dieses Ziel auf, aber nie war genug Geld für die Reise da. Doch sie wußte, daß sie James und die Insel sehen würde, wenn sie erwachsen war. So schrieb sie in den Antwortbrief des Vaters stets den Satz: Wenn ich groß bin, werde ich dich besuchen. Sie schrieb den kindlichen Satz noch, als sie kein Kind mehr war. Es war wie eine Beschwörung.

Als sie vor einigen Wochen die Schule beendet hatte, war wieder ein Brief von der Insel gekommen, der schwerer und dicker war als die Briefe zuvor. In dem Umschlag lagen ein Flugticket nach Mombasa, ein Fahrschein für die Fähre nach Mahé, und ein Fahrschein für das Schiff nach Silhouette. Dabei lag ein Zettel: Jetzt bist Du groß und darfst mich besuchen. Dein James. Als sie die Worte gelesen hatte, nahm sie stumm den Umschlag mit den Tickets und ging auf ihr Zimmer. Dort holte sie die Briefe hervor und die Photos, die sie in den Jahren gesammelt hatte, und breitete sie auf dem Boden des Zimmers aus und betrachtete sie lange. Sie hatte das Gefühl, als gehöre ihr dies alles, ihr allein, und sie war stolz.

Als sie auf der Insel ankam, war es wie eine Heimkehr. Sie hatte geweint; sie kannte das Weinen nicht. Als sie James umarmte, hatte sie geglaubt, daß auch seine Augen feucht gewesen waren, aber sie war nicht sicher.

Sie hatte in den Tagen gelernt, daß ein Urteil über James

nicht sicher sein kann, sie glaubte, daß er ein seltsamer Mensch sei. James war anders als in seinen Briefen; seinen Briefen nach konnte man einen gänzlich anderen Eindruck von ihm gewinnen. Sie dachte, daß er gesprächig wäre und heiter, aber er war verschlossen und ernst. So hatte sie am ersten Tag geglaubt, er werde ihr seine Zeit widmen, aber nachdem er sie begrüßt hatte, zog er sich in sein Zimmer im hinteren Teil des Hauses zurück, wo es dunkler war, weil die Fenster zum Busch zeigten, und blieb dort bis in den späten Abend. Essen ist im Kühlschrank, hatte er gesagt, bediene dich. Das Haus und was darin ist, gehört dir. Bewege dich frei. Ich muß noch arbeiten.
Sie hatte ihn an diesem Tag und am Abend nicht mehr gesehen, denn sie war früh zu Bett gegangen, müde von der Reise. Auch in den folgenden Tagen war sie lange allein, sah ihn nur kurz zum Frühstück und am Abend, während sie ihr Abendessen einnahmen, das eine alte Kreolin bereitete. Sie kam stets am Abend, um im Haus aufzuräumen und das Essen zu kochen. Sie sprach ebenso selten wie James, aber sie lächelte Jennifer freundlich zu, und manchmal sagte sie etwas in ihrem fremden Kreolisch, das Jennifer nicht verstand, aber das freundlich klang.
James Schweigsamkeit hatte sie irritiert, am Anfang, nun nahm sie es hin, nahm ihn hin, wie er war. Denn das andere, das Meer und die Sonne und die Blumen und das kleine Haus waren nicht enttäuschend, sondern Wahrheit und ganz der Traum ihrer Kindheit. Nun lebte sie diesen Traum, und da sie jung war und unbelastet von Zweifeln ließ sie sich nicht ablenken, sondern nahm das Gute von allem, das sich ihr bot, vollständig. Das Gute war das Meer und die Sonne,

die Wärme und Weichheit. Zu Hause wußte man davon nichts, es war ein düsteres Leben ohne Sonne.
Sie badete im Meer und lag in der Sonne und roch die Blumen, schwere, fremde Gerüche, und immer wieder spazierte sie in dem weichen Sand. Da hatte man kein Denken mehr und keine Träume. Sie übergab sich ganz der heiteren Insel und diesem freundlichen Leben und dachte nur daran, wie sie es sich am besten ergehen lassen könne. Es war ein Fest aller Sinne, und sie kostete es aus.
An einem Morgen, als sie wieder ihr Morgenbad nahm, sah sie ihn auf der Veranda stehen. Sie sah, wie er sie beobachtete, während sie im Wasser mit den Wellen spielte und sich übermütig in sie hineinwarf, untertauchte und prustend und lachend hochkam. Sie glaubte, während sie ihn da stehen sah, daß er wieder ins Haus, in sein dunkles Zimmer gehen würde, aber er stand da, wie mit dem Boden verwachsen, dunkel und massig wie das dunkle Holz des Hauses, schwer und unverrückbar wie die Äste des Takamaka-Baumes, der an das Haus heranragte. Da er im schattigen Teil der Veranda stand, konnte sie sein Gesicht nicht sehen, aber sie hatte das Gefühl, daß seine blauen Augen, diese seltsamen hellblauen Augen in dem sonnenbraunen Gesicht, wie Blitze auf sie trafen. Sie dachte plötzlich daran, daß sie nackt war. Sie badete immer nackt, sie hatte keine Scheu vor dem alten Mann, sie sah ihn wenig, und wenn sie ihn traf, ging er oft mit gesenktem Kopf und schien sie nicht wahrzunehmen.
Es war nicht erheblich, wie sie war, ob sie nackt war oder bekleidet. Natürlich war sie im Haus nie nackt umhergelaufen, aber immer war sie nackt, wenn sie zum Baden ging. Zum ersten Mal war sie wirklich irritiert. Sie fühlte sich ge-

stört. Mehr ärgerlich über sich selbst, weil sie sich gestört fühlte als über den Verursacher der Störung, machte sie im Wasser eine schnelle Drehung und schwamm mit ausholenden Schwimmbewegungen aufs offene Meer zu, ohne noch einmal den Kopf zu wenden.
Nachdem sie einige Minuten geschwommen war, blickte sie zum Haus zurück. James war nicht mehr da. Sie kehrte um, die Lust zum Baden und Sandspielen war fort, sie kehrte ins Haus zurück und bereitete sich in der Küche, die komfortabel mit Elektroherd und Geschirrspüler ausgestattet war, einen Morgentee.
Während sie den Tee trank, dachte sie über den Mann nach, von dem sie sich beobachtet gefühlt hatte, aber dann kam ihr der Gedanke, daß es vielleicht nur ein dummes Gefühl gewesen war, daß er sie nicht angestarrt, sondern nur nach ihr gesehen hatte, wie ein Gastgeber nach seinem Gast sieht, und dieser Gedanke leuchtete ihr ein, und sie lächelte über sich selbst. Nachdem sie ihr Frühstück beendet hatte, dachte sie nicht mehr daran. Sie sah James am Abend wieder, nachdem sie einen faulen Tag lang nichts getan hatte, als sich im Liegestuhl auf der Terrasse in der Sonne zu räkeln. Er sah sie zerstreut an wie immer, als habe er noch nicht wahrgenommen, daß ein Mensch bei ihm lebte, fragte zerstreut wie immer, ob sie gegessen habe und zog sich wieder in sein Arbeitszimmer zurück. Jennifer legte sich früh schlafen an dem Abend.
So vergingen die Tage. James schrieb vom frühen Morgen bis in den späten Abend. Jennifer badete, lag im Sand, kletterte über Felsen oder betrachtete stundenlang die Blumen, die in dem Garten um das Haus üppig wuchsen. Sie konnte

sich nicht sattsehen an den stolzen Blüten des Hibiskusstrauches, sie bewunderte den Bougainvillea Baum, der weiße und rote Blüten trug. Sie pflückte die Blüten und legte sie zwischen die Blätter eines Buches. Sie pflückte auch ein sattgrünes Blatt des Takamaka-Baumes und legte es in ihr Tagebuch, das sie mitgenommen, aber nicht benutzt hatte.

Sie hatte die Ruhe und den Rhythmus der Insel angenommen, sie aß und schlief und schwamm im Meer und saß auf den Felsen und sah stundenlang übers Wasser, ohne von der Ferne etwas zu erwarten. Man konnte sagen, daß es eine unwichtige Zeit war, die sie auf der Insel verbrachte. Sie tat nichts Besonderes, nichts was gültig oder bedeutsam war. Sie hatte keinen Ehrgeiz, etwas zu erkunden oder kennenzulernen. Aber, indem sie sich der Insel überließ, lernte sie alles kennen, das Eigentliche lernte sie kennen. So bekamen die Dinge eine Wichtigkeit, die man nur an Ort und Stelle erfühlen, und die Jennifer nachher nicht hatte beschreiben können. Sie lernte eine andere Zeit kennen, eine von Menschen unbeeinflußte Zeit. Das Meer gab die Zeit vor, die Sonne, die Wärme. Es war einfach, sich dem Natürlichen zu überlassen. Jennifer fühlte zum ersten Male Zufriedenheit. Sie hatte alle Wünsche auf der Insel eingefangen.

Während sie an einem Nachmittag in dem alten Lehnstuhl auf der Terrasse saß, das Meer betrachtend, kam James zu ihr. Er rückte einen Hocker zu ihren Füßen und sah sie an, wie er sie nie angesehen hatte, liebenswürdig, lächelnd.

"Du mußt denken, ich bin ein alter Kauz, der nicht mehr weiß, wie man mit Menschen umgeht", begann er, und seine Stimme war warmherzig und freundlich. "Nicht wahr, du

denkst, es ist seltsam: Wie ich im Haus herumstreiche, wie ich da bin und doch nicht da bin. Wie ich arbeite, Tag und Nacht." Er sah sie an.
Jennifer lächelte.
"Es ist alles wunderbar hier", sagte sie und blickte aufs Meer, "es ist wunderbar und nichts stört. Du störst mich nicht. Ich denke, du hast deine Gründe. Ich fühle mich wohl hier, wohl bei dir, obwohl ich dich kaum sehe und kaum mit dir spreche. Ich glaube, es ist auch besser, wenn man im Paradies nicht allzuviel spricht. Man soll fühlen und nicht darüber reden. Es ist schön zu wissen, daß du da bist."
Er hatte seinen Kopf zu ihr gebeugt, und während sie aufs Meer gesehen hatte, hatte er sie immerzu angesehen. Auch er lächelte.
"Ich muß dir erklären", sagte er, "ich arbeite an etwas sehr Wichtigem. Meine bisher wichtigste Arbeit. Es ist ein Buch über die Insel. Die Insel ist ein Geheimnis. Die Leute hier und auf den anderen Inseln reden viel von unserer Insel. Man vermutet, daß Piratenschätze hier vergraben sind. Das ist natürlich Unsinn, es interessiert mich nicht. Ich bin an der Geschichte der Inseln interessiert. Es ist eine faszinierende Geschichte."
"Mir genügt es zu wissen, wie die Insel heute ist", antwortete Jennifer lachend. "Das Heute ist faszinierend genug."
"Ja", sagte James, "die Insel ist gut für junge, heitere Leute, die mit ihr spielen wie Kinder. Ich war auch mal so, und nun bin ich alt und werde ernst und interessiere mich für ernsthafte Dinge wie Geschichte."
Er sah sie an, als entschuldige er sich, daß er ihre Heiterkeit gestört hatte, nun, da die Sonne sehr hell auf sie schien.

"Bitte erzähle von deiner Arbeit. Ich habe es gern, wenn du davon erzählst."
Er begann nicht sofort, sondern betrachtete sie, als prüfe er, ob sie die Wahrheit gesagt hatte, aber im Grunde genoß er das Weiche in ihrem Gesicht. Das Gesicht zeigte soviel Wärme und Freundschaft für ihn, daß er darüber erschrak.
"Die Geschichte ist in der Tat abenteuerlich. Die Inseln waren vor zweihundert Jahren Stützpunkte von Piraten. Sie machten hier Halt auf ihren Kaperfahrten in den Indischen Ozean. Mich interessieren diese Menschen. Es waren grausame und verwegene Männer, Ausgestoßene, vaterlandslose Gesellen. Es gibt im Museum auf Mahé Dokumente aus der Zeit. Ich habe Briefe gelesen. Ich bin fasziniert von dem Thema, daß ich Tag und Nacht daran arbeite." Er war eifrig und begeisterte sich wie ein Kind.
Jennifer gefiel es, und sie war ihm sehr nah, in diesem Augenblick.
"Onkel James, ich verstehe, wie es ist, wenn man fasziniert ist. Das alles hier fasziniert mich, und ich habe für nichts sonst mehr Gedanken. Ich möchte dich nicht in deiner Arbeit stören. Ich hätte auch zu dir kommen können, wenn das Buch beendet gewesen wäre. Du hast mich gerufen, und ich bin gekommen."
"Natürlich störst du mich nicht", antwortete er. Er schien nachdenklich und sah sie mit einem Ernst an, den sie nicht verstand. "Ich wollte, daß du herkommst. Du hast lange darauf warten müssen. Die Arbeit an dem Buch wird noch Monate dauern, vielleicht Jahre. Ich wollte dich bei mir haben und jetzt, wo du da bist, kann ich besser arbeiten als zuvor."
Er sah sie unverwandt an, und für einen Augenblick war es,

als sei das Blitzen, das Starre, wieder in seinen Augen. Aber nur für wenige Sekunden. Dann war sein Blick freundschaftlich wie zuvor.
"Wie alt bist du Onkel James?" fragte sie. Wie es nachklingt, dieses Onkel James, dachte sie, es klingt mir plötzlich seltsam in den Ohren, als passe es nicht hierher. Ohne darüber nachzudenken, ob es richtig ist oder nicht sagte sie mit einer Bestimmtheit, die ihr selbst fremd war: "Ich werde James zu dir sagen. Du bist nicht so alt, wie ich als Kind geglaubt habe. Nun bin ich älter und kein Kind mehr, und du bist jünger für mich."
"Trotzdem bin ich ein alter Mann, Jenny", sagte er lachend. "Du bist achtzehn und ich bin mehrmals achtzehn. Aber du hast recht: Onkel ist tatsächlich nicht mehr zeitgemäß."
Sie lachten beide.
Er sah aufs Meer: "Es ist wunderschön. Es ist nicht weniger schön als damals, als ich hergekommen bin. Die Schönheit ist ewig und nützt sich nicht ab."
Es klang irgendwie sehr erstaunt. Er blickte über die Bucht und schwieg lange.
"Ich habe eine Idee", sagte er plötzlich heiter, "wir machen morgen eine Wanderung durch den Dschungel. Dschungel klingt wild, aber es gibt ganz gute Pfade hindurch. Hast Du Lust?"
"Ja", sagte Jennifer, "wenn du Lust hast, und es dich nicht in deiner Arbeit stört."
"Nein", antwortete er. "Ich nehme morgen einen freien Tag. Ich glaube, ich kann mir das erlauben."
Er erhob sich, strich über ihr Gesicht, aber wieder war dieses Entrückte, diese Abwesenheit in seinen letzten Worten,

in dieser Geste, daß Jennifer dachte, daß er es nur gesagt haben könne, um ihr, eine Freude zu machen und sich dann wieder seiner Arbeit zu widmen. Sie glaubte nicht an den Ausflug, aber sie war nicht enttäuscht. Sie hatte das Meer und die Bucht und die Blumen und die Sonne und sie genügten ihr vollends.

Sie brachen früh auf, ehe die Sonne aufgegangen war. Sie wanderten über den Hügel, der die Bucht vom Dorf trennte. Zum ersten Mal, seit sie auf der Insel war, verließ Jennifer die Bucht. Sie freute sich, das Dorf zu sehen und die Menschen, deren Stimmen sie öfter gehört hatte. Sie freute sich auf Menschen, obwohl sie sie nicht vermißt hatte. Als sie das Dorf erreichten, war es bereits hell, aber auf den Hütten lag noch die Ruhe der Nacht. Sie trafen einige Frauen, die im Garten arbeiteten oder Wäsche aufhingen. Die Frauen grüßten und winkten und riefen James etwas zu, das Jennifer nicht verstand. James antwortete freundlich. Bald kamen auch Männer und Kinder aus den Hütten und grüßten.

Es war ein fröhliches Bild. Die Hütten aus Wellblech waren bunt gestrichen, und in den Gärten standen Blumen in bunten Kübeln. Die tropischen Pflanzen, Bananen- und Ananasstauden, Palmen und Hibiskusbüsche wuchsen üppig um die Häuser. Sie durchwanderten das Dorf und erreichten einen breiten Weg, der in den Dschungel führte. Sie sprachen nicht. Sie hörten darauf, wie die Insel sprach, wie der Wind durch die Bäume ging und die Vögel riefen. Das Rufen der Vögel war hell und lustig. Manchmal sah Jennifer den Mann an, der mit regelmäßigen großen Schritten neben ihr ging, und sie fand in seinem Gesicht eine Freude über die Schönheit dieser Natur, die sie ebenso fühlte. Alles war schöner

hier, üppiger, bunter, heller, größer als anderswo. Zu beiden Seiten des Weges gab es ein Grün der Bäume, das Jennifer nie zuvor gesehen hatte. Wenn die Sonnenstrahlen durch die Baumkronen drangen, waren sie heller als anderswo, und der Mensch, der darin ging, ging in einer Flut von Licht.
Es war heiß und feucht. Je weiter sie in den Wald vordrangen, desto feuchter wurde es, weil der Wind vom Meer kaum mehr zu spüren war. Der Weg wurde schmaler, bis er nur ein dünner Pfad war, nicht breiter als ein Männerfuß. Sie gingen hintereinander. Jennifer spürte, wie das Gehen sie anstrengte. Öfter blieb sie stehen und atmete tief und nahm einen Schluck aus der Feldflasche, die James ihr reichte.
"Man muß trinken, immer trinken", sagte er. Sie fühlte, wie es ihr gut tat, die Flüssigkeit in sich zu spüren.
Sie stieg voran. Plötzlich fühlte sie James Hand auf seinem Rücken.
"Ich helfe dir", sagte er, "wenn ich dich vorwärtsschiebe, hast du es leichter."
Es war angenehm, daß er sie schob. Sie dachte, daß es ihr angenehm war, diese Hand auf ihrem Rücken zu spüren. Als sie zurückschaute, hielt James den Kopf gesenkt, schien konzentriert auf seine Schritte und auf sich selbst und schien nicht daran zu denken, daß seine Hand auf ihrem Rücken lag. Sie sah seinen gesenkten Kopf mit dem vollen schwarzen Haar, das kaum ergraut war, und diese Haltung hatte etwas Demütiges und Liebenswertes. Sie hatte für ihn ein Gefühl der Freundschaft und der Vertrautheit, das sie schon als Kind gehabt hatte.
Sie glaubte aber, daß das Gefühl, das seine Hand auf dem

Rücken ihr gab, ein anderes war.
Sie erreichten ein Plateau, von dem aus sie das Meer sahen. Sie sahen auch die Bucht und das Haus, und alles lag friedlich und sonnenhell vor ihnen.
Die Sonne schien unerbittlich heiß. Im Schatten eines Takamaka-Baumes suchten sie einen Rastplatz. James warf seinen Rucksack auf den Boden, auf den weichen, warmen Waldboden, und streckte sich darauf aus. Jennifer legte sich neben ihn. Sie spürte, wie erschöpft sie war. Sie waren zwei Stunden gewandert, und sie fühlte sich erschöpft wie nie zuvor.
"Es ist anstrengend", sagte sie zu James, der neben ihr lag und die Augen geschlossen hatte, "für dich scheint es nicht anstrengend zu sein, Onkel James." Onkel James... es war jenes alte Gefühl der Freundschaft.
"Ich bin es mehr gewohnt als du", sagte er mit geschlossenen Augen, "Ich bin alt, aber ich bin es gewohnt. Man muß langsam gehen und stetig und eine Menge trinken. Das ist das Geheimnis, wenn man in den Tropen wandern will." Er richtete sich auf, sah sie lächelnd an:
"Du hast dich gut gehalten. Du bist gut trainiert. Es ist normal, daß du jetzt müde bist. Ruh dich aus. Wir wollen essen und trinken."
Aus seinem Rucksack holte er Brot hervor und geräucherten Fisch und Käse und eine Thermoskanne mit kühlem Wasser. Sie aßen und tranken und legten sich zufrieden zurück. Jennifer schlief ein, und als sie aufwachte, war sie allein. James stand auf einem Felsen. Sie rief ihn, und er winkte ihr zu.
Als sie auf dem Felsen neben ihm stand, wies er über das

Meer unter ihnen und über die Insel.
"Ich war oft hier und hatte diesen Ausblick über die Insel. Immer noch bewundere ich ihre Schönheit und denke, daß es nichts gibt, was mir mehr Heimat wäre als sie. Ich hatte immer die besten Ideen auf der Insel. Die Insel lenkt nicht ab, sondern gibt dir Gelegenheit, dich zu besinnen. Alles Schöne um dich herum ermuntert dich, das Schöne in dir selbst zu finden. Es ist seltsam, aber es ist so. Man denkt es vorher nicht, man denkt, es ist sehr schwer, sich selbst zu finden oder, nein, sich wiederzufinden, aber hier, auf dieser Insel geht es ganz leicht, und man weiß sehr bald, wenn man hier ankommt, daß es möglich ist. Ich kam immer her, um zu schreiben und das Schreiben ging hier besser als anderswo. Ja, am Ende, konnte ich nur hier schreiben."
"Ich habe gerne deine Briefe gelesen, als ich ein Kind war", entgegnete Jennifer, "ich habe mir die Insel gut vorstellen können und auch die Liebe, die du zu ihr hast. Ich hatte sie auch und habe sie jetzt mehr und mehr. Aber ich kenne nichts von der Welt, Onkel James. Hier bekommt man eine Ahnung, wie schön die Welt sein kann. Kennst du die Welt?"
"Nein. Wer kann schon ein Urteil darüber abgeben. Ich war lange in Amerika, in Nord- und Südamerika und einige Zeit in Indien. Ich glaube, ich habe zuviele Menschen und Leben gesehen. Ich hatte es satt. Dann kam ich hierher und hatte die Ruhe, die ich mir gewünscht hatte. Aber die Insel ist nicht so sanft und teilnahmslos, wie man denkt. Die Insel fordert, sie hat das Wesentliche in mir herausgefordert. Die Ruhe hat das Schreiben gefördert, das ich lange vergessen hatte. Ich hatte Lust dazu bekommen, hier auf der Insel,

nachdem ich jahrelang keine Lust gehabt hatte und nur umhergezogen war wie ein Verirrter. Nun ist das Schreiben zum Drang geworden und mit jedem Tag, den ich älter werde, schreibe ich um so besessener. Die Besessenheit ist ein Zeichen des Alters. Man wird ungeduldig im Alter. Ich habe es mir nicht so vorgestellt."
Er sah dabei bekümmert aus. Jennifer war ein heiterer Mensch, und Traurigkeit war ihr fremd. Sie war jung.
"Ich habe jetzt Lust zu schwimmen", sagte sie, "laß uns in die Bucht zurückgehen und im Meer schwimmen."
Er sah sie lange an. "Ich bin idiotisch, dich mit all dem zu langweilen. Das ist wohl auch ein Zeichen des Alters."
"Du langweilst mich nicht, aber es macht mich traurig, wenn du traurig bist."
James nahm die Hand des Mädchens.
"Ich glaube, ich habe Lust zu schwimmen. Ich habe es lange nicht getan."
Als sie an der Bucht angekommen waren, entkleidete sich Jennifer schnell und sprang in die Wellen und schwamm mit kräftigen Stößen. Sie sah sich nicht um. James folgte ihr, und er durchschwamm das Meer mit kräftigen geraden Schlägen, und er fühlte sich kräftig und als ein Mann, der die Kraft hatte, Wasser zu bezwingen und einen Weg zu ziehen. Kraftvoll schwamm er an Jennifer vorbei, und bald sah sie seinen stolzen Kopf weit draußen im Schwarzblau.
Die folgenden Tage arbeitete James in seinem Zimmer, aber er kam manchmal am Nachmittag auf die Terrasse und saß in dem Schaukelstuhl, während Jennifer am Strand war. Dann verschwand er wieder im Dunkel des Hauses. Wenn er sie am Morgen sah, war er heiter und freundlich und

fragte, was sie am Tage treiben wolle und ob es ihr gefalle. Er wirkte nicht mehr abwesend, während er mit ihr sprach. Nach dem Abendessen plauderte er mit ihr auf der Terrasse, wo sie ihren Tee einnahmen, und früh gingen sie ins Haus. Jennifer ging früh schlafen. Das Schwimmen im Meer machte sie müde und gab ihr einen festen Schlaf. Manchmal hörte sie das Klappern der Schreibmaschine wie ein freundliches Gute-Nacht-Lied. Sie fühlte sich dabei wohl. Jennifer fühlte sich wohl wie es war.

Manchmal kamen Kinder vom Dorf über den Hügel. Anfangs standen sie in einiger Entfernung vom Haus und beobachteten Jennifer, während sie am Meer war. Sie winkte ihnen zu. Die Kinder trugen bunte Kleider, als wären sie feingemacht für ein Fest. Sie standen da, sehr aufrecht, und beobachteten die fremde Frau. Eines Tages kamen sie herunter bis zum Haus, blieben jedoch in einiger Entfernung von Jennifer stehen und betrachteten sie neugierig. Jennifer rief ihnen zu, näherzukommen, aber sie rührten sich nicht. Am nächsten Tag waren die Kinder wieder da, und diesmal hatten sie Bananen dabei, kleine grüne Früchte, die sie Jennifer reichten. Von da an kamen die Kinder jeden Tag. Manchmal brachten sie Bananen oder Ananas und manchmal auch Muscheln, die sie am Strand gesammelt hatten. Jennifer schenkte ihnen Bonbons, die sie in ihrer Reisetasche dabeihatte. Es war kein stummes Treffen. Die Kinder schwatzten in ihrem Kreolisch und Jennifer antwortete Englisch und beide fanden sie den fremden Klang der Sprache amüsant. Manchmal kletterte Jennifer mit den Kindern auf die Felsen, und sie machten einen Wettbewerb, wer als erster einen Felsen erklimmen konnte. Dabei lachten sie

und waren nichts als vergnügte Kinder. Manchmal malte Jennifer Tiere in den Sand - sie konnte gut zeichnen - und die Kinder bewunderten die Zeichnungen, und sie reichten Jennifer Gegenstände, die sie in den Sand malte.
Jennifer liebte das Spiel mit den Kindern; es fügte sich gut in ihr unbeschwertes Leben auf der Insel. Die Unbeschwertheit des Kindseins konnte man hier finden.
Einmal lud Jennifer die Kinder auf die Terrasse, wo sie ihnen einen Teller mit Kuchen reichte, den die Kinder im Nu leeraßen. Mit blitzschnellen Bewegungen wie Wildkatzen, die Nahrung schlagen, hatten sie zugegriffen, und es hatte einen kurzen Streit gegeben. Jennifer erschrak darüber, und holte schnell mehr Kuchen. Das Geschrei, mit dem der Streit verbunden war, rief James auf die Terrasse. Er scheuchte die Kinder fort. Er war zornig. Jennifer war erstaunt über seinen Zorn. James schrie den Kindern etwas nach, das sie nicht verstand. Nachdem James die Kinder vertrieben hatte, ging er wortlos an Jennifer vorbei in sein Zimmer.
Die Kinder kamen tagelang nicht. Nach einer Woche sah Jennifer sie auf dem Hügel stehen und sie beobachten. Sie kamen nie mehr näher, so sehr Jennifer sie auch rief.
Am Anfang bedauerte Jennifer das Wegbleiben der Kinder. Dann nahm die Insel sie wieder auf. Die Insel wischte die Gedanken weg wie der Wind den leichten Sand am Meer. Jennifer hatte wieder ihr Spiel mit dem Meer und der Sonne. Eines Nachts wachte Jennifer auf. Der Wind fegte durch das Haus und rüttelte an dem Holz und den Balken. Es war Südostmonsun. Ein Stuhl war umgefallen. Jemand ging durch Zimmer. Jennifer erschrak. Sie war noch halb im

Schlaf, sie erkannte die fremde Gestalt nicht, die durch das Zimmer ging. Sie schrie. Als die Gestalt näher kam, erkannte sie James. Er setzte sich auf das Bett und beruhigte sie. Er beugte sich über sie, nahm sie in die Arme und gab ihr einen Kuß auf die Stirn. Während er sie umarmte, spürte sie seine kräftigen Arme. Sie fühlte sich gut in diesen Armen. Sie legte ihre Arme um seinen Hals.
Sie fühlte, daß er vollständig angezogen war. Sie trug nur ein dünnes Nachthemd, und es gefiel ihr plötzlich, den dünnen Stoff gegen seinen rauhen Hemdenstoff zu spüren. Sie hatte gezittert vor Angst, und nun war sie ruhig.
Aber da gab es eine andere Aufregung, die sie nicht kannte. Auch James war ruhig, er war wie starr. Ihre Hände lagen auf seinen Schultern. Plötzlich wollte sie mehr über diese Schultern wissen. Sie tastete darüber, tastete über den Rücken. Sie streichelte den Rücken, während er sie unbeweglich hielt. Sie fuhr über den Rücken, der gerade war und straff. Sie wußte nicht, wie Männerrücken sind. Dieser hier kam ihr besonders schön vor. Sie fühlte, daß der Körper darunter warm war. Es war gut, das Warme zu spüren, jetzt, wo der Wind im Haus war, der einen frösteln ließ.
Sie wollte mehr Wärme. Sie drängte ihren Körper gegen den warmen Körper hier, und während ihre Brüste ihn berührten, spürte sie, wie sie wieder zitterte.
Der Mann war ruhig und zog sie näher an sich, als wolle er ihr erleichtern, ihre Entdeckungen fortzusetzen. Er schien auf eine seltsame Art unbeteiligt, ja verwundert und neugierig.
Sie spürte, wie sein Kopf auf ihren Hals sank, ganz ergeben. Sie strich über das starre Haar, hob seinen Kopf hoch und

konnte sein Gesicht erkennen im Halbdunkel des Zimmers, sein Gesicht, das starr und traurig war. Sie küßte ihn auf den Mund. Er machte sich plötzlich los von ihr und rannte aus dem Zimmer. Sie hörte, wie eine Tür zugeschlagen wurde. Dann war es still, und sogar der Wind war still.
In ihr tobte etwas. Eine Unruhe war in ihr, die sie nicht kannte und ein Wünschen, das sie nicht benennen konnte. Sie sprang aus dem Bett. Sie ging, sie rannte durch den Flur, sie riß die Tür seines Zimmers auf und stand dann ganz still. Nie war sie in seinem Zimmer gewesen. Sie hatte nie Interesse gehabt, sein Zimmer zu sehen. Sie wollte ihn nie stören. In dem Raum herrschte Durcheinander, überall lagen Bücher und Papier, verstreut standen benutzte Teetassen auf kleinen Tischen und auf den Bücherregalen. Auf dem Schreibtisch stand eine kleine, schwarze Schreibmaschine. Sie sah ihn zuerst nicht. Als ihre Augen sich an das Dunkel gewöhnt hatten, sah sie ihn in einer Ecke kauern und ging auf ihn zu. Als sie vor ihm stand, sah er auf. Sie zog das Nachthemd aus.
Es war natürlich, das Hemd abzustreifen.
Sie war schön. Sie hatte einen fraulichen Körper, der nichts von jugendlicher Magerkeit hatte. Sie wußte, daß sie schön war, und sie wollte ihm Schönheit zeigen. Er betrachtete sie lange, und sein Gesicht war nicht mehr traurig, sondern gesammelt und voller Bewunderung. Er stand auf, und sie entkleidete ihn, und er umarmte sie, und als sie seine Wärme spürte, hatte die Unruhe ein Ende.
Sie sah ihn nicht am nächsten Tag und nicht in der Nacht. Sie schlief unruhig, sie wachte immer wieder auf und wünschte ihn herbei, und der Wunsch war dringlich wie

kein Wunsch zuvor. Beim Abendessen fragte sie die alte Kreolin, ob sie wisse, wo James sei, und die Frau antwortete, der Herr sei in die Berge, und sie wisse nicht, wann er zurückkomme.
So blieb Jennifer allein in dem Haus, aber es gab keine Furcht für sie, sie fürchtete nichts auf der Insel. Sie fürchtete auch nicht das Neue, das gekommen war. Alles schien zusammenzugehören, die Sonne, das Meer, der zarte Sand, die Wärme und diese Liebe. Alles schien natürlich, und Jennifer dachte nicht darüber nach, ob es gut oder schlecht sei diesen Mann zu lieben oder ob es Liebe sei. Sie hatte etwas Neues erfahren, wie sie das Neue der Insel erfahren hatte, und beides war wunderbar. Sie war jung, und sie war unbeschwert auf der Insel. Sie hatte nun diese fremden, wunderbaren Gefühle für James, und sie war glücklich damit.
Er kam in der dritten Nacht, während sie schlief, aber sie war sofort wach, als sie ihn im Zimmer spürte.
Sie sagte: "Endlich. Komm."
Er kam zu ihr. Sie spürte, wie sie aufgeregt war, aufgeregter als zuvor, und sie spürte auch seine Aufregung. Sie war begierig, ihn zu haben und wollte ihn immerfort haben.
Als sie aufwachte, lag er neben ihr und schlief. Sein Gesicht war weich und fließend. Sie betrachtete ihn lange, und er erwachte unter ihrem Blick.
"Ich kann es nicht glauben, dich so neben mir zu sehen. Ich sah es, als du ankamst, ich habe es schon früh gesehen. Ich habe dich beobachtet, als du am Meer warst, als du am Strand lagst und über die Felsen klettertest."
"Ich weiß, du standest auf der Veranda."
"Ja", sagte er, "von da habe ich dich gesehen, und

manchmal ging ich auch auf den Hügel, um dich zu sehen. Ich versteckte mich und beobachtete dich. Es wurde schlimmer. Ich verliebte mich, als ich dich am Bootssteg sah. Ich wollte dich nicht damit belästigen."
"Liebe ist doch nicht lästig."
"Ich war eifersüchtig auf die Kinder und schickte sie deshalb weg. Ich wollte dich für mich alleine. Ich habe gearbeitet, wie besessen habe ich gearbeitet. Die Arbeit gelang mir gut, wie sie mir nie zuvor gelungen war. Aber sie gelang nicht immer. Manchmal saß ich da und sah vor mir, bildhaft und wirklich, dich und deinen Körper, und ich ging nach draußen, um dich zu beobachten. Ich schämte mich. Ich zwang mich, dich nicht anzusehen. Es nützte nichts."
Sie sah, wie sein Gesicht traurig wurde. "Warum bist du traurig", fragte sie. "Warum macht das Schöne dich traurig? Ich bin ganz glücklich." Sie legte ihren Kopf auf seinen Arm.
"Es wird vergehen, und ich habe Angst vor dem, was kommt. Ich habe Angst. Ich habe nie Angst gekannt."
"Laß uns an nichts denken, als daran, wie glücklich wir einander machen."
Sie blieb noch zwei Wochen auf der Insel, und während der Zeit waren sie nie getrennt. Er schickte die alte Kreolin weg, und sie waren alleine im Haus. Sie schwammen am Morgen und spielten im Sand wie Kinder, und er ließ den weichen Sand über ihren Körper rieseln, bis er ganz bedeckt war. Er zeigte ihr und erklärte ihr die Blumen und Pflanzen, die am Haus wuchsen. Er kochte das Abendessen und bereitete das Frühstück. Während sie am Abend auf der Terrasse aßen, erzählte er ihr von seinen Reisen und seiner Arbeit, und sie

erzählte von der Familie in England. Am liebsten war es ihr, wenn er von der Insel erzählte. Er erzählte, wie er es früher in seinen Briefen getan hatte, so daß man alles vor sich sah. Er war jung, war wie sie. Er hatte nichts Nachdenkliches, Abwesendes mehr, er war ganz da, immer nah bei ihr, er lachte und war übermütig. Die Kinder blieben fort, und sie waren selbst wie die Kinder. Er arbeitete nicht während der Tage. Er arbeitete nicht in den Nächten.
Er sagte: "Wenn du fort bist, habe ich genug Zeit dazu. Bis dahin sammle ich alles in meinem Kopf. Du gibst mir gute Ideen."
In der letzten Nacht sagte er : "Nun bin ich verdorben für die Insel."
Sie antwortete nicht.
Am nächsten Tag holte ein Fischer Jennifer ab und brachte sie in seinem Boot zum Fährschiff jenseits des Riffs. Noch lange sah sie James am Strand stehen. Er winkte nicht. Sie sah zu ihm, bis sie ihn nicht mehr erkennen konnte und seine Gestalt aufging im mächtigen Felsen der Insel, die im Nebel verschwand und von Wolken bekränzt zurückblieb. Friedlich, als hätte niemand sie je berührt.

Die Empfangshalle der Lodge war nach allen Seiten offen, so daß man das Meer sehen konnte und die kleine Lagune auf der gegenüberliegenden Seite, über die eine Holzbrücke führte. Das Dach der Halle war mit getrockneten Palmblättern bedeckt. Jennifer ließ sich in einem Polstersessel nieder und schnupperte die Luft des Meeres.
Wie modern und gepflegt nun alles ist, dachte sie.
Es gab eine gepflegte Gartenanlage, in der die Bungalows

standen. Mit ihren palmblättergedeckten Giebeln sahen sie zum Meer hin. Überall waren Blumen gepflanzt, und zwischen den Palmen breitete sich kurzgeschnittener Rasen aus. Damals gab es den Garten und die Lodge nicht, und trotzdem war alles liebevoll gepflegt gewesen, nur nicht modern und perfekt wie jetzt. Aber, dachte Jennifer, die Lodge fügt sich gut in die Insel ein, so als wäre sie immer dagewesen und nicht von Menschen gebaut worden.

Violetta in ihrem schwarzen, ärmellosen Kleid stand an der kleinen Bar, eine brennende Zigarette zwischen Zeige- und Mittelfinger geklemmt, und trug aus dem Fächer von Pässen und Ausweisen, die vor ihr lagen, Nummern und Namen in ein Gästebuch, das eng beschrieben war. Zwischendurch telefonierte sie, und ihre Stimme, eine helle, schnelle Stimme, flog durch den Raum ins Freie. Ohne aufzublicken gab sie den Boys, die wartend bei den Koffern und Taschen der Gäste standen, einige Befehle, die diese schnell befolgten. Immer wieder unterbrach die Frau ihre Arbeit, um ihre Gäste zu den Bungalows zu begleiten. Jennifer blieb als letzte zurück.

"Das Haus ist noch nicht fertig", sagte Violetta, "können Sie noch warten? Sind Sie nicht zu müde?"

"Ich kann warten", antwortete Jennifer, "man muß warten können und Zeit haben auf der Insel. Die Zeit ist etwas anderes, hier auf der Insel. Das ist das erste, was man lernt. Es ist eine wunderbare Erfahrung."

"Ja", sagte die Frau, "die Insel lehrt einen manches. Wenn man es will. Sie lehrt einen die langsame Zeit ohne Langeweile." Sie lachte: "Ach ja, sie lehrt einen, alle Ordnung zu vergessen. Manchmal weiß ich nicht, welche Jahreszeit ge-

rade ist. Es ist schön, wenn man die Jahreszeiten vergißt. Dann vergißt man auch die Jahre. Die Insel ist ein Jungbrunnen."
Sie war eine fröhliche Frau. Man fühlte, daß die Insel sie fröhlich machte.
"Manchmal fahre ich nach Italien, um wieder Frühjahr oder Herbst oder Winter zu fühlen. Einfach so. Es amüsiert mich, aber ich vermisse es nicht."
"Sie vermissen Italien nicht?"
"Nein. Ich vermisse immer nur die Insel, wenn ich fort bin. Außerdem kommt Italien zu mir. Es kommen viele meiner Landsleute hierher. Ich kann dann mit ihnen reden. Aber", sie beugte sich zu Jennifer, "ich bin dann wieder froh, wenn sie fort sind. Italiener reden zuviel."
Sie lachten beide.
"Sie waren schon einmal hier. Ist es lange her?" fragte Violetta.
"Ich war ein junges Mädchen, das ist lange her", antwortete Jennifer heiter. "Sie kommen alle wieder, früher oder später. Jeder hat seinen Grund, und ich kenne alle Gründe", erwiderte die Italienerin und sah Jennifer dabei wissend an: "Eine romantische Sache, würde ich bei Ihnen tippen."
Dann lachten sie wieder, und Violetta nahm Jennifer bei der Hand und begleitete sie zu ihrem Haus.
Es war das letzte in der Reihe der Bungalows und stand nur wenige Meter vom Meer entfernt. Das Haus war aus dem schönen dunklen Holz der Insel gebaut mit Fensterläden aus Lamellen und einer schweren Eingangstür. Innen war das Haus offen bis zum Dach und komfortabel eingerichtet. Es hatte ein großes Wohnzimmer, eine Küche mit Kühlschrank

und Herd und einer Anrichte, auf der eine Thermoskanne mit frischem Wasser stand und ein Strauß Hibiskusblüten. Dann gab es ein kleineres Ankleidezimmer und ein geräumiges Bad. Es war ein Haus für eine Familie, aber Jennifer war es nicht zu groß. Sie liebte es, Platz zu haben und großzügig zu wohnen.

Die Italienerin war verschwunden, bevor Jennifer ihr danken konnte.

Sie trat auf die Veranda. Vor ihr lag feiner, heller Sand, eine kleine Böschung, auf der ein breiter Takamaka-Baum seine Äste weit ausbreitete. Dahinter war das Meer. Das Meer war unruhig, die Wellen stoben schnell und laut an die Böschung. Jennifer warf ihre Kleider in den Sand und sprang nackt ins Wasser. Sie fühlte das tobende Wasser an ihrem Körper, fühlte auch wie weich und warm es war und wie es ihr schmeichelte. Sie schwamm mit kräftigen Stößen, und nachdem sie fast bis zum Riff und wieder zurück geschwommen war, legte sie sich erschöpft in den weichen Sand und sah zum Himmel, an dem keine Wolke war. Sie drückte ihren Körper an die weiche Erde und fühlte sich wieder eins mit der Insel. Sie war zurückgekommen. Es war eine Rückkehr, die wie ein Neuankommen war. Sie hatte nichts Schweres, sie hatte keine Erinnerungen.

Die Mahlzeiten nahm Jennifer in dem Restaurant des Hotels ein, das neben der Eingangshalle lag und offen war wie diese. In dem Licht der Kerzen konnte man am Abend das schwarze Meer sehen und die Umrisse der Palmen am Strand.

Die Diners am Abend waren festlich. Die Gäste waren gut gekleidet, und auf den Tischen lagen Porzellan und Tafelsilber. Die Kellnerinnen waren adrett in ihren bunten Kleidern und den Blüten in ihrem schwarzen Haar. Es gab südafrikanischen und französischen Wein aus Kristallgläsern, in denen das Kerzenlicht schimmerte. Man servierte kreolische und französische Küche. Das Essen war sehr gut, und später hörte Jennifer jemand sagen, die Küche der Insel sei berühmt. Es war ein gutes Miteinander, die Natur und das kultivierte Essen, und das eine erhöhte das andere.

Über allem lag Ruhe. Es gab nichts, was die Ruhe störte. Sogar das Meer sandte an den Abenden nur ein leises Wellenschlagen, und die Gäste sprachen leise. Es war, als hätten alle innegehalten, mitten in einem ruhelosen Leben. Die Ruhe hatte etwas Ehrfürchtiges.

Nach dem Essen ging Jennifer in ihr Haus zurück und saß lange in dem großen Korbsessel auf der Veranda und sah aufs Meer hinaus. Während sie dem Meer zusah und ihm zuhörte, spürte sie dessen Bewegungen in ihr, und sie genoß das leichte Hin und Her, als berührte sie die Erde nicht, als gehörte sie nur dem Meer.

Tagsüber war sie am Strand in der Sonne oder spazierte durch den Garten oder schwamm im Meer. Sie genoß die Mahlzeiten im Restaurant und schlief lange. In den ersten Tagen kannte sie nichts außer der Lodge, dem Garten und dem Meer, das vor ihrem Haus war. Sie blieb allein. Nur mit Violetta wechselte sie manchmal ein paar Worte, wenn sie sie im Garten traf, umhereilend, mit schnellen, knappen Schritten, die Zigarette in der kleinen Hand wie angewachsen, das kleine Gesicht vor Lächeln und Freundlichkeit zusammengekniffen, die langen schwarzen Haare im Wind wehend.

Manchmal brachte sie Jennifer einen Korb mit Ananas, Bananen und Papayas. Auf dem kleinen Tisch der Veranda vor Jennifers Haus stand manchmal eine geöffnete Kokosnuß mit einem Strohhalm. Einmal lag ein Buch mit Abbildungen über die seltenen Pflanzen und Blumen der Insel auf Jennifers Schreibtisch. Jennifer liebte Violettas Aufmerksamkeiten, die lautlos waren. Sie glaubte, daß die kleine Italienerin froh war, jemanden dazuhaben, der die Insel und alles was auf ihr war schätzte wie sie selbst. Die anderen Gäste liebten die Insel als Ort, wo man entspannen konnte und gut essen, aber es hätte auch ein anderer Ort sein können.
Jennifer war also zurückgekehrt. Aber gab es nichts Verbindendes zwischen dem ersten und zweiten Kommen. Das eine und das andere standen für sich wie Säulen, die nebeneinander stehen, und nichts gemeinsam haben als das Nebeneinander-Stehen. Es war eine andere Zeit, damals, und sie war eine andere gewesen. Sie war nicht sentimental. Sie hing nicht am Gestern. Sie wunderte sich oft darüber, wie leicht sie alles nehmen konnte, und manchmal glaubte sie, sie sei oberflächlich, aber es störte sie nicht besonders.
Sie hatte Erfolg bei Menschen. Sie war unterhaltsam und witzig. Sie hatte den meisten Erfolg in der Liebe. Die Männer liebten ihre Heiterkeit ohne Anspruch. Jennifer liebte das Sinnliche und gab es auch, aber weil es ohne Ernst war, wie bei anderen Frauen, liebten sie die Männer dafür besonders. Es war bequem für Jennifer und für die Männer.
Sie war interessiert an der ersten Zeit der Liebe, wenn sie neu war und aufregend und am meisten gab, aber was danach kam, war ihr langweilig und unerträglich. So war sie nie lange mit jemandem zusammen. In den Zeiten, da sie

allein war, war sie jedoch nicht einsam. Sie kannte nicht das Gefühl für Einsamkeit. Da sie allein war, auch wenn sie mit jemandem zusammen war, kannte sie nur das Gefühl des Alleinseins, und es war ihr das Natürlichste.

Obwohl sie schien wie andere Menschen, war sie verschieden von anderen, aber da sie heiter war und das leichte Zusammenspiel der Menschen gut beherrschte, fiel ihr Anderssein nicht auf. Sie war eine Einzelgängerin, und Menschen interessierten sie nicht lange, nur für die Zeit, da sie ihr Aufregung und Sinnlichkeit geben konnten.

Jennifer war nun in den Vierzigern. Sie war Malerin, keine sehr gute, wie sie glaubte, aber sie hatte gute Ideen für Bilder, und weil auch in ihren Bildern die Heiterkeit war, verkauften sie sich gut.

Als sie an einem Abend auf der Veranda des Hauses saß, dachte sie zum ersten Mal an James. Nein, natürlich hatte sie an ihn gedacht, als sie beschlossen hatte, auf die Insel zu fahren. aus einer Laune heraus, nachdem sie in einem Reisebüro ein Photo der Insel gesehen hatte. Dann, als sie auf die Insel gekommen war, hatte sie auch an James gedacht, aber der Gedanke an ihn war wie ein Schatten durch sie hindurchgeweht und war nicht länger bei ihr geblieben.

Jennifer lächelte. Sie holte das Bild von James zurück und das Bild von ihr selbst, als sie jung war. Sie besah sich die Bilder lächelnd und versuchte, die Gefühle zu den Bildern zu bringen, die sie damals hatte. Wiederum konnte sie fühlen, welch Glück es war, welch Leidenschaft, eine erste, neue, aufregende. Als sie sich an die Zeit erinnerte, freute sie sich daran wie damals, und es gab kein Bedauern und keine Wehmut. Später hatte es andere Lieben und Leiden-

schaften gegeben, die anders waren aber nicht schlechter. Das eine hatte das andere abgelöst.
Sie erinnerte sich, als sie damals von der Insel zurückgekehrt war. Sie hatte nie mehr wieder von James gehört. Es war kein Brief mehr gekommen von James, und sie hatte auch nie daran gedacht, ihm zu schreiben.
James und die Insel hatten zusammengehört, und es war etwas gewesen, das man nicht an einen anderen Ort bringen konnte. Vor allem war es etwas gewesen, über das man nicht schreiben konnte. Man konnte es haben, an einem bestimmten Ort und man konnte es nicht mehr haben an einem anderen Ort. Da auch James nicht darüber schrieb, glaubte sie, daß er dachte wie sie. Sie hatte nicht den Wunsch gehabt, etwas aus der Ferne fortzusetzen, das Ferne nicht vertrug. Sie hatte das Beste auf der Insel gehabt, das Beste mit James, es konnte sich nicht mehr steigern, schon gar nicht, wenn man darüber schrieb, wenn man es fortführte in einer sonnenleeren Landschaft in England. So war es beendet, abgeschlossen und hatte sich rein bewahrt, daß man es nun wieder hervorholen und mit Freude besehen und fühlen konnte.
Sie erinnerte sich, daß sie einen scharfen Schmerz gehabt hatte, nachdem sie von der Insel zurückgekehrt war. Aber ebenso erinnerte sie sich an das schnelle Nachlassen des Schmerzes und daran, wie heiter und unbeschwert sie danach gelebt hatte. Da es die ersten Erfahrungen mit dem Schmerz und der Liebe waren, war sie erstaunt gewesen, wie eilig beides vorübergegangen war. Sie betrachtete beides als ihre Art, damit umzugehen. Sie blieb dabei, auch später, und wenn der scharfe Schmerz kam, wußte sie, daß

auch das Unbeschwerte kommen würde, sehr bald danach.
In den folgenden Tagen durchstreifte sie die Insel und kam zu dem Dorf, das nahe der Bucht von James Haus lag. Nichts hatte sich verändert. Noch immer waren die Blechhütten verschönt durch Blumen und Bäume, und die Kirche stand stolz über allem.
An einem Tag brach sie früh auf zu einer Wanderung auf den Berg. Sie wanderte über die Bergpfade und stand bald auf jener Lichtung, von der man die Bucht übersehen konnte, in der James Haus stand.
Doch sie konnte das Haus nicht sehen. Sie sah nur den dichten Dschungel.
Es ist gut so, dachte sie, es ist Vergangenheit. Das Haus und James sind Vergangenheit.
Dann eines Tages, als sie wieder durch das Dorf ging, stand sie plötzlich auf dem kleinen Hügel, auf dem die Kinder gestanden und ihr zugesehen hatten. Dann sah sie plötzlich das Haus. Sie sah den spitzen Giebel, der sich durch den Dschungel schob, wie ein Fingerzeig.
Sie rannte den Hügel hinunter und stand vor dem Haus, das von Dschungel überwuchert war.
Die Terrasse, auf der James sie oft beobachtet hatte, während sie im Meer schwamm, war geborsten, und die Holzdielen staken in den weißen Sand. Die Tür des Hauses stand offen. Sie ging hinein. Das Haus war leer. Auf dem Boden lag der Sand fingerdick. Überall war Schmutz und Moder. In einer Ecke des Wohnzimmers lag eine schmutzige, vergilbte Zeitung.
Sie ging in James Zimmer. Es war leer, bis auf einige Holzregale, auf denen Staub lag. Aus dem Holzboden des Zim-

mers wuchs Unkraut. Ein Ast des Takamaka-Baumes ragte ins Fenster.
Jennifer flüchtete aus dem Haus.
Sie rannte den Weg hinauf, der zum Dorf führte. Sie sah sich nicht um. Sie rannte, bis sie zur Lodge kam und traf Violetta an der Bar.
"Was ist mit dem Haus unten an der Bucht," fragte sie atemlos.
"Ach das", sagte Violetta, "es steht leer. Verlassen. Es war schon verlassen, als ich hier ankam, vor zehn Jahren. Niemand traut sich, das Haus zu betreten. Ja, niemand geht hinunter zur Bucht."
"Warum? Es ist die schönste Bucht der Insel."
"Das ist richtig. Aber die Leute sind abergläubisch. Sie haben Angst. Sie glauben, daß es ein Geisterhaus ist. Ein alter Mann wohnte darin. Eines Tages war er verschwunden. Die Leute glauben, daß er sich umgebracht hat. Ich habe keine Angst. Ich gehe oft zur Bucht. Man kann dort herrlich schwimmen".
Violetta blickte hinter der Frau her, die aufgestanden war und auf das Meer zulief und sich mit allen Kleidern in die Wellen warf und dem Riff zuschwamm mit hastigen eiligen, wie verzweifelten, Bewegungen, als liege dort ein Heil, dort wo das Meer tobte mit riesigen Wellen, schwarzblau.

Sopra Ascona
(Remarque, salute)

Mächtig ragt der Palazzo über den See, als wolle er an das Unendliche rühren, während, wie geniert über solch trotzig gezeigte Größe, die jüngeren Häuser und Villen am Ufer hinter Bäumen, Blumen und Sträuchern sich verborgen halten. Die Blumen, die um den alten Palazzo wachsen, sind lange verblüht, und die Pflanzen und Bäume, die ihn einst freundlich umzierten, sind wie Feinde, die den Palazzo zu umschlingen drohen. Noch sind sie nur harmlose Zungen, doch sie lecken an ihm begierig und beständig. Noch besitzt er die Macht der Größe, doch seine Mauern bröckeln, und er scheint zu wanken im Wind, der vom See kommt. In seiner Größe ist der Palazzo ein matter Sieger geblieben; andere Kämpfe gingen verloren, auch der Kampf um den Ruf als schönstes und anziehendstes und berühmtestes Haus der Gegend. Er hat den Kampf gegen die Menschen verloren und die Zeit.

Stille. Ein müder Wind vom See bläht den Streifen einer weißen Gardine im Wintergarten. Die Gardine ist zerrissen und schmutzig und hängt schief über einem zerbrochenen Fenster. Alle Fensterscheiben sind zerbrochen, als hätte jemand sich die Mühe des systematischen Zerbrechens gemacht. Das Weiß der Fensterrahmen ist abgesplittert, und die Fen-

stergriffe sind verrostet. Glassplitter mischen sich mit Dreck und Staub auf dem Boden. Ein Sonnenstrahl, in dem Staubkörner tanzen, weist auf einen Sessel in der Ecke, dessen Bezug fleckig ist und zerrissen. Daneben krümmt sich der Stab einer Lampe, deren Glasschirme zerschlagen sind. Ein Sturm und ein Feuer waren über das Haus gekommen und zerstörende Hände, Schreie, Schläge und das Flackern bis zum Himmel.
Geblieben ist die stolze Ruhe des Überlebens nach den Blessuren und Tränen. Die Ruhe feiert Triumph. Obwohl der Wind durch die Fenster dringt, steht die Luft schwer und endgültig im Raum.

"Ein schöner Platz, von hier aus haben Sie den besten Blick über den See. Genießen Sie ihn."
Er rückt den weißen Sessel zurecht, auf dem ein Kissen in pastelligen Farben liegt und, nachdem ich darauf Platz genommen habe, setzt er sich mir gegenüber.
Ich habe keine Geduld, den See zu betrachten, den See habe ich immer, ihn für diese schrecklich kurze Zeit. Ich blicke trotzdem auf den See. Ich tue, was ich nicht will, ich folge seiner Empfehlung. Man ist immer gerne seinen Empfehlungen gefolgt, Frauen besonders.
Ich sehe, was er so oft gesehen hat. Ich tue es, damit er Freude hat. Er wirkt traurig.
"Ein besonders schönes Bild heute", sage ich.
Der See ist wie ein blankgeputzter Spiegel, reinblau mit weißen Segelfähnchen, die Inseln darin und die grünen Berge ringsum. Weiche, warme Sonne. Sanfte Welt, draußen und drinnen. Der Geiger in roter Bluse, der an

Pußtageiger erinnert, spielt ein sentimentales Lied dazu. Manchmal lächelt er und senkt seine Geige, als spiele er nur für uns. Leise Stimmen, das Klappern von Geschirr. Ich lache laut. "Die Musik und dieser Ausblick! Sentimental!"
Köpfe drehen sich, dezente Mißbilligung.
Er wischt die Traurigkeit aus seinem Gesicht und stimmt in das Lachen ein.
"Sentimentalität kann nicht billig genug sein. Ich liebe sie. Besonders an einem Ort, wo sie verpönt ist. Wer mag das hier schon zugeben? Hier herrscht Niveau!"
Wir haben die Stille der Teezeit gestört, die Zeit der Manieren und der Höflichkeit. Er hatte immer Manieren, aber auch die Kraft, darauf zu verzichten. Sein Laut in der Lautlosigkeit wird gnädig aufgenommen. Auf manchen Gesichtern steht ein Lächeln. Man hat ihn erkannt.
Der Wintergarten des Hotels reicht weit in den See hinaus. Wie ein vornehmes Vogelnest schwebt er über dem leise sich wiegenden Wasser.
Ein Rausch in Weiß. Weiße Sitzgruppen, weißer Voile an den Fenstern und weißhäutige Damen. Sie tragen Hüte, die tief ins Gesicht gezogen sind. Die Männer tragen weiße Dinner-Jackets.
Kellner reichen Kuchenplatten, und man speist von weißem Porzellan. Diese wie selbstverständliche Eleganz, hinter der man die Mühe des Arrangierens verbergen will. Ich liebe diese beflissenen alten Hotels.

Sein starkes, festes, gebräuntes Gesicht inmitten der Weißhäutigen. Ein schönes Farbenspiel, das Braun der

Haut, das Blau der Augen und das Weizenblond der Haare. Er ist elegant wie immer, im pepitagemusterten Seidenanzug und der burgunderfarbenen Krawatte. Die leichte Eleganz und das feste, bodenständige Gesicht. Die Ironie in seinen Augen mildert die Festigkeit des Gesichts. Die Farben geben ihm Jugend. Ich dachte nie an Farben, wenn ich an ihn dachte und niemals an Jugend.
"Kann man hier Calvados bekommen?" frage ich.
"Ein zu vornehmer Ort für profanen Apfelschnaps. Aber wir können fragen."
Bevor er den Kellner danach fragt, drückt er ihm einen Schein in die Hand. Zu üppig denke ich, wie immer. Immer waren seine Trinkgelder üppig. Er liebte Kellner, und sie liebten ihn. Der Calvados kommt, doppelt, in großen Gläsern.
"Salute"
"Salute".
Wir trinken aus.
"Mehr von dem Calvados oder Kaffee und Kuchen?"
"Einen Calvados und dann Kaffee und Kuchen", sage ich.
Nachdem wir das zweite Glas geleert haben, bestellt er Kaffee. Von der Kuchenplatte möchte er für mich auswählen.
"Ich darf doch? Ich kenne mich hier aus. Nehmen Sie von diesen Petits Fours, sie sind die besten weit und breit."
Ich nehme zwei Petits fours und dann nochmal zwei. Sie sind herrlich. Zartester Biskuit.
"Gefällt mir so."
Ich lächle. Ihm gefiel es immer, wenn Frauen einen guten Appetit hatten.
Er beobachtete mich schweigend beim Essen. Seine Lust

des Zusehens steigerte meine Lust am Essen.
Während ich aß, trank er einen Calvados und einen Cognac. Die Cognacflasche blieb auf dem Tisch stehen. Es ist eine schmale Flasche ohne Etikett. Er hat Kennerschaft im Genießen. Früher machte er sich einen Spaß daraus. Auf New Yorker Partys pflegte er Weine mit verbundenen Augen zu bestimmen, ihre Herkunft, den Jahrgang. Eine hübsche Anekdote unter vielen, von denen man nicht weiß, ob sie Wahrheit oder Erfindung sind.
Wahrheit? Unwahrheit? Es ist nicht die Zeit, darüber zu spekulieren. Ich kann mich nicht damit aufhalten. Am Ende erfahre ich Unwahres, wo ich Wahres erhofft hatte.
Ich folge seinem Blick. Die Inseln.
Ich denke an Sätze, die er schrieb:
"In den Zeiten Roms soll dort ein Venustempel gestanden haben. Jetzt hat jemand ein Restaurant dort. Aber in Vollmondnächten gehen die alten Götter manchmal noch um. Dann findet der Besitzer am Morgen, daß viele Flaschen leer geworden sind, ohne daß man die Korken berührt hätte. Ab und zu schläft Pan auch seinen Rausch auf der Insel aus und erwacht mittags. Dann hört man seine Flöte, und alle Rundfunksendungen haben empfindliche Störungen."
"Konnte man nicht manchmal die Flöte Pans hören?" frage ich lächelnd.
"Ja, natürlich." Er erinnert sich. "Aber manchmal auch das Wehklagen der alten Baronin, die dort lebte und ihr Paradies verkaufen mußte. Und manchmal kamen Stimmen herüber von jungen fröhlichen Mädchen. Es waren die Gespielinnen des neuen Besitzers, der eine Schwäche für junge Mädchen hatte. Ihm genügte es, sie zu beobachten, während sie im

Wasser planschten."
"Schönheit, Fröhlichkeit und Lebensfreude. Ein guter Ort zum leben", sage ich.
"Ich hätte mir einen anderen Ort gewählt als diesen. Aber ich hatte keine Wahl, wie Sie wissen. Man hat mich aus geliebten Orten vertrieben, und dieser Ort nahm mich auf."
Wieder ist die Traurigkeit in seinem Gesicht. Sie steht so schwer und vollkommen darin, daß ich fürchte, die Konturen könnten zusammensinken und das Gesicht verschwinden.
"Wo hätten Sie leben wollen?"
"Vielleicht hier, aber freiwillig, das ist ein Unterschied. Zurückgehen können. Aber ich bin ein treuer Mensch. Treu auch den Orten. Vielleicht wäre ich nie aus Berlin weggegangen. Es war Heimat. Man konnte dort wunderbar arbeiten."
"Das nervöse, fiebrige Leben in Berlin in den Zwanzigern", sage ich, mehr zu mir selber, der Vorstellung einer aufregenden Zeit nachhängend, "Arbeiten wie Hemingway, in Cafés. Die inspirierende Ruhe im Lärm der Menschen."
"Ich bewundere Hemingway. Ich bewundere seine Arbeit. Ich konnte nie schreiben wie er."
"Wollten Sie es, schreiben wie... irgend jemand? Nein, ich glaube nicht. Sie erfüllten immerhin sein Credo: wahre Sätze zu schreiben. Sie schrieben immer wahre Sätze."
"Ich schrieb über das, was ich kannte. Über den Krieg. Und über Menschen, die den Krieg erlebten und über jene, die vor dem Terror der Nazis flüchteten."
"Sie hatten damit Erfolg."
"Ich schrieb nie, um Erfolg zu haben. Ich schrieb, weil ich

von etwas Kenntnis hatte und diese Kenntnis, Erkenntnis manchmal, weitertragen wollte."

"Ein Menschenfreund? Helfen? Wachrütteln? Verändern?"

"Vielleicht. Verhindern, daß sich etwas wiederholt. Aber nein, nicht zu idealistisch." Wieder diese Ironie in den Augen: "Ich bin kein zu großer Menschenfreund. Ich schrieb, weil es das einzige war, das ich einigermaßen gut konnte. Ich war Lehrer. Ich wollte es nicht mehr sein, weil ich es nicht gut genug machte. Das Schreiben ging besser. Man muß ehrlich sein mit sich selbst und rechtzeitig mit zweitklassigen Dingen aufhören."

"Ist es einfach aufzuhören, wegzugehen? Hätten Sie mit Schreiben aufhören können, wenn der Erfolg ausgeblieben wäre?"

"Ja, es gab andere Dinge, die mich interessierten. Ich hätte Rennfahrer werden können oder Bilderverkäufer. Ich bin ein ganz passabler Autofahrer und ein bescheidener Kenner von Kunst."

Ich erinnere mich, wie kenntnisreich er über Rennfahrer und Autorennen schrieb und wie liebevoll über chinesische Bronzen und Bilder von Monet und Degas.

"Man bewundert Ihre Sammlung von Impressionisten in Ihrem Haus dort drüben."

"Ich kaufte sie, nachdem ich Erfolg hatte. Aber ich liebte diese Bilder natürlich immer und besah sie mir gern in Museen."

"Das Haus, die Bilder...." Er nickt mit Wehmut und einem kleinen Lächeln.

Das Haus kann ich von hier nicht sehen. Es liegt hinter Blumen und Bäumen versteckt am Ufer.

"Erzählen Sie von dem Haus und den Blumen. Seltsam, daß man noch Neugierde hat."
"Es liegt da wie immer. Weiß, mit der weitgeschwungenen Terrasse zum See und blumenumrauscht. Manchmal kommen Touristen in Booten und bewundern das Haus vom See aus. Doch das Haus hält sich zurück und gibt wenig von seiner Schönheit preis. Ich glaube nicht, daß die Neugierigen den Besitzer des Hauses kennen. Sie sind lange nicht da gewesen, nicht wahr? Die Zeit geht über uns hinweg, und dann kommt das endlose Vergessen. Die Touristen bewundern alle Häuser am See, und hoffen, daß jemand, der aussieht wie ein Märchenprinz aus einem der Märchenhäuser tritt. Doch die Häuser bleiben stumm. Ein Bootsbauer erzählte mir, daß sie kaum mehr bewohnt seien. Die Zeit der Häuser ist vorbei. Die jungen Erben ziehen es vor, auf Ibiza oder den Bahamas zu leben."
Ich beobachte ihn aufmerksam. Entgleitet er wieder in Traurigkeit? Nein. Er liebte die Dinge, aber er konnte Abschied von ihnen nehmen ohne Bedauern.
"Als ich hierherkam, war es ein Ort für junge Menschen. Es gab Fröhlichkeit, Spaß und Aufregung. Ich hätte sonst den Ort nicht gewählt. Ich war immer dem Leben auf der Spur, nie der Ruhe und Beschaulichkeit. Das schien zu nah am Tod." Er verstand etwas vom Tod, wie alle, die etwas vom Leben verstehen.
Vergiß den Tod, frag nach dem aufregenden Leben.
"Nun, was war aufregend."
"Alles. Diese wuchernde, blühende Landschaft. Die Menschen. Verrückte Menschen. Manche probierten neue Lebensformen auf dem Monte Verità, andere jagten einfach

nur dem Vergnügen nach. Es gab Feste, die über den See hallten, tagelang und nächtelang."
"Aber immer wieder gingen Sie fort."
"Ich war ein Wanderer. Ich war das Fortgehen gewohnt. Es hielt mich nie an einem Platz, und Schönheit und Sonne können schnell langweilen. Ich hatte nie Geduld zur Langeweile."
"Paris!"
"Ja, immer wieder. Das Schwarzgrau der Stadt gegen das Blau hier. Ich brauchte es. Die Verlorenheit der Pariser Nächte. Einsame Wanderungen durch die Nächte, wenn ich nicht schlafen konnte. Ich konnte oft nicht schlafen, besonders in Paris. Ich wollte es auch nicht. Ich sah einiges unterwegs, Sumpf und Sünde und Schönheit auf den zweiten Blick. Huren, Spieler, Bettler, die Ausgestoßenen der Nacht, das Morbide. Es hat mir immer mehr gefallen als das Strahlende."
"Sie liebten auch das Helle, Elegante. Parties, Diners, la grande vie..."
"Natürlich. Es ist ein Teil des Lebens. Hauptsache Leben. Darauf muß man trinken! Salute."
"Salute."
Die bauchigen Calvados-Gläser klingen.
Ich denke an einen Ort, den er liebte. Der Platz des fiebrigsten Lebens.
"Sie liebten New York", sage ich, "wo das Leben unmittelbar ist. Schnell und aufregend. Das Beste daran ist, daß der Augenblick zählt und nicht die Erinnerungen. New York ist die Stadt, wo man vergessen kann, weil man keine Zeit hat, sich zu erinnern."

"Das ist richtig. Ich konnte in New York leichter vergessen als anderswo. Ich bin dankbar. Amerika nahm mich auf, und New York gab mir Heimat. Es war mir mehr Heimat als alles. Es ist die beste Heimat für Fremde. Ich bin immer wieder zurückgekehrt. Aber, tant pis! Vergangenheit! Unwichtig! Nur das Jetzt zählt. Sie, hier in diesem Augenblick. Alles andere ist billige Illusion."

"Es hat Reiz zurückzusehen", sage ich. "Nun in diesem Augenblick. Sie verstehen. Ich werde Ihnen über die Inseln im See erzählen. In dieser Zeit, wo die Touristen überall hinkommen, sind sie ein beliebtes Ausflugsziel. Es gibt ein Restaurant dort. Wenn man auf der Terrasse sitzt, hat man den schönen Garten um sich mit exotischen Pflanzen und Bäumen. Nun ist es ruhig dort, die Ferienzeit ist vorbei."
"Der letzte Besitzer haßte Ruhe, es war immer laut und lärmend auf den Inseln. Ich liebte es, aber manchmal hörte ich den Lärm bis hinüber zum Haus, und er störte mich beim Arbeiten."
Nie sprach er über sich selbst und nie über seine Arbeit. Er verwies auf das, was in seinen Büchern steht.
Es ist ein Spiel, das wir spielen. Ein Spiel der Phantasie. Ich weiß, er liebte das Spiel.
"Was Sie schrieben, scheint von leichter Hand geschrieben zu sein. "
"Es war Mühsal und Kampf. Ich flüchtete und mußte immer wieder zurückkehren. Am Anfang ging die Arbeit leicht. Ein Muß, natürlich wie Essen und Trinken. Später das Artifizielle. Die Faszination, wenn ein Satz gut gebaut, ein Wort treffend, eine Aussage gültig war. Aber mühsames Gebären.

Ich mußte mich immer davon ablenken. Ich hatte immer genug Ablenkung. Die billigsten waren die besten. Spielen, saufen, huren."
"Frauen - billig?"
"Ja, ich benutzte sie, manchmal. Wollte sie als Spaßmacher, oberflächlich. Dann sah ich, daß ich selbst benutzt wurde, in dem Maße, wie ich benutzt hatte. Oberflächlich. Hatte es verdient, wollte es auch nicht anders. Wollte Frau als Frau, nicht als Kumpel oder Mensch oder Kamerad. Manchmal."
"Manchmal..."
"Oft. Ein paarmal: Liebe. Aber das ging manchmal schneller vorbei als das Benutzen. Ich merkte, daß auch Liebe eine Zeiterscheinung ist, aber die Frauen merkten es früher. Manchmal blieb ich atemlos zurück."
Er lehnt sich weit zurück und ist ganz jung dabei. Die Augen haben Melancholie, aber im Augenwinkel die Ironie darüber. So lebte und überlebte er, denke ich, mit dem "Es gibt wenig, das lange wichtig bleibt", wie er einmal sagte. Sagte er ? Lebte er, so oder so. ? Warum in einem fremden Leben umherspazieren ? Aber... es ist ein Spiel... In deiner Phantasie kannst du wandern und die Bröseln der Wahrheit am Wegrand aufnehmen und damit spielen...
"Wollen wir gehen?"
"Ja."
Nach dem Weiß des Wintergartens empfängt uns die Halle mit dunklem Pomp. Die holzvertäfelten hohen Wände aus Mahagoni, die Lüster, die großen düsteren Bilder an den Wänden. Mächtige Mahagonisäulen begrenzen einen mit rotem Teppich ausgelegten Treppenaufgang, und in den Facettenspiegeln der Türen fangen sich die Lichter der Kron

leuchter. Wer am oberen Ende der Treppe steht, hat die Möglichkeit hinabzuschreiten, als schreite er eine für ihn angetretene Ehrenkompanie der Mahagonisäulen ab.
Ich gehe schnell die Stufen hinunter. Er folgt mir langsam nach.
Klavierspiel kommt aus einer Ecke der Halle.
Es ist die Zeit des Thé dansant. Langsam wiegen sich Paare auf einer kleinen, von unten beleuchteten Tanzfläche. Man sitzt in Lederfauteils und plaudert Belangloses in den schwindenden Tag. Vielleicht hat man den Tag verbracht mit Spaziergängen im Park zwischen Palmen und Oleanderbüschen, hat eine Runde Bridge gespielt oder einen Ausflug mit dem Hotelboot gemacht. Vielleicht hat man sich auch beim Tennisspiel erfrischt oder eine Fahrt mit dem Automobil in eines der umliegenden Täler unternommen. Aber dann war man froh gewesen, in die Ruhe des Hotels zurückgekehrt zu sein, an den Ort der freundlichen Fürsorge, Distinguiertheit, der watteleichten Gespräche, der leise plätschernden Musik, der wohltemperierten Abenteuer, der exklusiven Heimat.
"Wir wollen Malkow begrüßen."
Das Klavierspiel wird lauter, freudiger.
Er umarmt den alten, hageren Mann im Smoking, dessen Gesicht vor Freude glänzt.
"Trink ein Glas Champagner mit uns, Malkow, und stimm die alten Lieder an. Ich habe den Eindruck, es gibt etwas zu feiern heute. Trinken wir auf die Anwesenheit einer schönen jungen Frau, die uns Alten das Herz wärmt."
Malkow spielt "Chanson d'amour" und einige Musette-Walzer, deren Titel ich nicht kenne. Sofort stehen eine

Champagnerflasche und Gläser auf dem Schwarz des Flügels, die ein lautloser Kellner gebracht hat. Ich hatte nicht gehört, daß sie bestellt worden seien. Man kennt ihn hier. Nachdem Malkow gespielt hat, trinken wir. "Malkow ist Russe und 1918 aus Rußland geflüchtet. Ein Kollege."
"Sie waren einmal ein ganz guter Klavierspieler", erinnere ich ihn.
"Ich spielte Klavier, um nebenbei Geld zu verdienen. Ich hatte keine Ambitionen. Malkow ist übrigens nicht sein richtiger Name. Aber was bedeuten Namen, wenn man entwurzelt ist. Es gibt nichts, woran man festhalten soll, wenn man unterwegs ist. Nicht an Namen, Orte oder Menschen. Das ist es, was man lernen muß: vergessen und sich nicht gewöhnen. Sehr schwer, wenn man ein bürgerlicher Mensch ist wie ich."
"Sie galten immer als Weltbürger, nicht als Kleinbürger."
"Weltbürger gezwungenermaßen. Ich hatte immer eine Liebe zu den kleinen Leuten und zu dem stillen Glück im Winkel. Doch man hat mich hinausgeworfen. Nun mache ich das Beste daraus."
"Sie machen es gut."
"Überall fand ich ein Stück Bürgerlichkeit, am meisten dort, wo man es am wenigsten erwartet. Sogar in Hollywood. Mehr als man denkt. Die Leute sind sehr bürgerlich. Die meisten gehen abends früh schlafen und stehen morgens früh auf, um zur Arbeit zu gehen. Die Arbeit heißt zufällig Film, aber sie ist mehr anstrengend als spektakulär."
"So hat das Leben keine Aufregungen mehr für Sie."
"Doch. Den Schnaps."

Wir lachen herzlich.
"Ja, und das gute Essen. Haben Sie noch Zeit dafür? Der Küchenchef ist ein Freund, und er wird etwas wahrhaft Aufregendes für uns kochen."
"Ich glaube nicht."
"Ja, irgendwann kommt immer die Zeit und fordert. Dann bleibt nichts mehr zu tun."
Ich gehe, ohne mich umzusehen.

Als ich nach draußen trete, stürzt das Licht des Tages über mich. Der Weg zum Portal ist überwuchert von Pflanzen und Moos. Hecken und Dornen bilden ein dichtes Spalier. Vorsichtig schiebe ich die Äste beiseite, um mir den Weg zu bahnen.
Ich habe Mühe, die Pforte zu öffnen. Die Klinke ist verrostet und das Holz zersplittert. Als sie hinter mir ins Schloß fällt, scheint alles, was dahinter liegt, in sich zu zerfallen, die Mauern des Palazzo, der weiße Wintergarten, die dunkle Halle mit den mächtigen Mahagonisäulen. Eine lautlose Explosion, nur in meinen Ohren laut.
Ich drehe mich vorsichtig um. Ich sehe den Palazzo hoch über den See ragen, über die Gärten, über die Villen am See, über die Inseln, und es ist ein stolzes Ragen in eine ungewisse Höhe.
Die Mauern bröckeln und die Fenster sind zerschlagen. Das Weiß ist grau und schwer.

*

Das blaue Licht trifft auf das schwarze, eiserne Tor. Wie die Pinien und Zypressen an seiner Seite heben sich die Torpfeiler mit der blanken Steinplatte scharf gegen den Horizont ab. Dahinter öffnet sich weit, hell, blau und glitzernd der See, und die Sonne streicht mit letzten Strahlen über die Berge, die wie gewaltige Schöße in den See drängen.

Das Dorf mit seinen braunen Häusern, Gärten, Terrassen und Torbogen liegt unter mir und vom Campanile der Kirche San Martino höre ich den Glockenschlag. Hinter dem Berg liegt Italien und vor der Grenze Brissago, woher ich gekommen bin.

Die Gräber liegen schon im Schatten. Nur hier oben, an der höchsten Stelle, hält sich noch das letzte Licht der Sonne, als könne es sich nur schwer verabschieden von der Schönheit der Blumen.

Blumenbüsche und Bäume senken sich über ein Grab, das am Ende des Weges liegt. Die Grabplatte mit dem Namen ist in einen Felsblock gemeißelt. Auf einem schmalen Sims ruhen Blumensträuße und Gestecke. Die rosa Azalee, die ich dazustelle, wirkt fast heiter.

Jemand sagte mir, viele Besucher kämen zu deinem Grab.

Aber woher sollen sie wissen, daß es nur Stein ist und Erde und Pflanzen und dein Name auf der Grabplatte. Sie trauern um dich, aber sie haben auch die Wollust des Grauens, die alle Lebenden haben, vor dem was sich unter der Erde verbirgt.

Und du?

Du lachst darüber und nimmst ein, zwei Calvados aus der Flasche, die man dir auf den Tisch stellt, und hältst dein braunes, ironisches Bauerngesicht mit den reinblauen Au gen gegen das Weiß des Wintergartens. Du sitzt in der dunklen Halle mit den schweren Mahagonisäulen wie Ehreneskorten und flüsterst Malkow etwas ins Ohr, dem Kumpel aus Emigrantentagen, und er lacht mit dir, und sein Gesicht glänzt, und sein Klavierspiel wird freudig und schwungvoll.

Jemand kommt, eine Frau, mit der du Champagner trinkst und deren Herz du wärmst, ohne es zu wissen.

Das ist die Zeit, wenn der Palazzo über den See ragt und seine Mauern fest sind, und die Blumen und Pflanzen artig in seinem Garten wachsen.